Núcleos de influencia

Núcleos de influencia

No solo importa lo que sabes,
sino a quién conoces

NACHO MÜHLENBERG

Los libros de Conecta están disponibles para promociones y compras por parte de empresas, con condiciones particulares para grandes cantidades. Existe también la posibilidad de crear ediciones especiales, incluidas con cubierta personalizada y logotipos corporativos, para determinadas ocasiones.

Para más información, póngase en contacto con:
edicionesespeciales@penguinrandomhouse.com

Papel certificado por el Forest Stewardship Council®

MIXTO
Papel | Apoyando la silvicultura responsable
FSC® C117695

Penguin Random House Grupo Editorial

Primera edición: enero de 2025

Printed in Spain – Impreso en España

ISBN: 978-84-17992-72-9
Depósito legal: B-19.218-2024

Compuesto en Promograff - Promo 2016 Distribucions

Impreso en Black Print CPI Ibérica, S. L.
Sant Andreu de la Barca (Barcelona)

CN 9 2 7 2 9

Índice

TERCER PASO

Acciona

Hablemos de tu plan estratégico de acción

Prólogo

Cuando trabajamos nuestras relaciones, tanto personales como profesionales, es fundamental reconocer el poder del elogio y la admiración. Por eso quiero aprovechar este espacio para destacar lo que admiro de Nacho.

Una de las cualidades más fascinantes en cualquier ser humano es tener claro lo que se desea —quien no lo tiene claro termina cumpliendo los deseos de otros—, y Nacho siempre ha sabido lo que quiere. Sin embargo, lo que lo distingue realmente es su capacidad para postergar o cancelar planes, ideas o sueños cuando siente que no es el momento adecuado. Este acto, que pocos se atreven a realizar, por falta de coraje, valentía o claridad, es un testimonio del profundo respeto que tiene por su intuición.

Nacho confía plenamente en una de las herramientas más poderosas del ser humano: la intuición. Es auténtico, escucha su intuición y no teme cambiar el rumbo de sus decisiones para evitar arrepentimientos futuros. Es tan coherente con su mensaje, que me pidió este prólogo y, al enviarme el recordatorio, volvió a insistir en que si estaba liada no pasaba nada. Y, ¿sabes?, a él le creo. Otros te dirían lo mismo, pero se quedarían con cierto rencor.

Y ahora, querido lector, te pregunto: ¿cómo esperas que los demás te consideren magnético e influyente si no sabes dónde estás, ni hacia dónde quieres ir o no estás dispuesto a cambiar el rumbo de tus decisiones?

Hay quienes se comparan con los demás, desean profundamente pasar a la acción pero se limitan a observar cómo pasa su vida. Y hay quienes, como Nacho, viven su vida de forma intencional. En este manual encontrarás herramientas únicas y valiosas para que también tú lo hagas. Te darás cuenta de que algunas ya existen dentro de ti, aunque quizá no las hayas utilizado —será como desempolvar herramientas olvidadas en el archivo de tu mente y de tu vida—, y descubrirás otras nuevas que te retarán a implementarlas.

Cuando hablamos de construir nuestra propia definición de éxito, una cosa está clara: el éxito no es un deporte en solitario, sino en equipo. Ninguna persona que ocupe una posición de liderazgo y éxito lo ha conseguido sin colaborar con otros, sin crear alianzas, sin invertir tiempo en sus relaciones.

Las relaciones no son transacciones. Aunque algunas tienen fecha de caducidad —no todas deben perdurar—, están destinadas a ser un intercambio bidireccional de apoyo, progreso y comunicación.

Personalmente, muchas de las puertas que se me han abierto han sido gracias a las relaciones que he cultivado, no solo por quien conozco, sino por quien me conoce a mí. Por eso es fundamental que trabajes en tu marca personal e inviertas en tu capital relacional; nunca sabes quién será la persona que te abrirá la puerta que necesitas.

No obstante, como bien explica Nacho en este libro, no puedes ser un mercenario que solo busque el beneficio personal. Debes adoptar una mentalidad más «misionera», abierta al intercambio genuino. Siempre digo que en los negocios sigo una regla clara: primero doy, luego pido, y después hago el acuerdo. Así ha sido mi relación con Nacho: nos hemos apoyado mutuamente, hemos dado y pedido, y luego hemos sellado pactos valiosos como este; para cualquier autor o líder es un honor escribir un prólogo para una figura de referencia.

Cuando leí el borrador de este libro me di cuenta de que dentro de mí tenía herramientas dormidas que he usado para alcanzar grandes metas, pero también comprendí que mis próximos objetivos requieren que fortalezca aún más mis relaciones. Así que te digo con convicción que las relaciones, tanto personales como profesionales, son una prioridad en mi vida, por lo que debo crearlas, cuidarlas y expandirlas.

Espero que disfrutes con la lectura de estas páginas, en las que Nacho sintetiza y explica, de manera clara y sencilla, todo lo que puedes hacer para rodearte de las personas adecuadas, acercarte a ellas, y convertirte en un líder magnético con el que todos deseen relacionarse, no solo transaccionar.

VILMA NÚÑEZ,
autora, conferenciante
y fundadora del Grupo Convierte Más

Introducción

Las relaciones adultas funcionan y se mueven por puro interés. Sí, ya sé que estás pensando que esta afirmación es lo más frío y poco romántico que has leído en mucho tiempo. «Si eso es verdad, ¿dónde quedan el amor, la generosidad y la conexión genuina con los demás?», te preguntarás. En respuesta te diré que el interés no está en absoluto reñido con ninguno de los valores antes mencionados; más bien al contrario: los hace reales, los dota de dirección, eficacia, honestidad y transparencia.

Empecemos por una gran verdad: uno suele dar porque recibe algo a cambio. Esto es así. Los humanos, a medida que crecemos y maduramos, buscamos en nuestras relaciones una reciprocidad justa entre el dar y el recibir. O, al menos, deberíamos hacerlo, si no queremos entrar en los pantanosos terrenos de la frustración, la toxicidad y el desengaño.

La búsqueda de ese intercambio, de ese toma y daca, no implica la ausencia de buenos sentimientos e intenciones positivas hacia el otro, ni mucho menos. Damos amor porque queremos recibir amor y estar en paz. Formamos una familia y cuidamos de nuestros seres queridos porque nos proporciona felicidad verlos bien y sentirnos queridos y cuidados por ellos; ayudamos a un amigo porque es muy satisfactorio ver cómo mejora su vida, y porque nuestra propia vida mejora al saber que estará ahí cuando lo necesitemos...

Ser interesados no nos hace peores personas.

De la misma forma, dar amor a cambio de desprecio, o prestar ayuda a cambio de ingratitud, no nos convierte en mejores. Piensa por un momento en esa persona por la que te desviviste y no te dio ni las gracias. O en ese amigo que SOLO te llama cuando está mal. O en ese colaborador que no para de exprimirte y demandarte desde la exigencia. ¿Aguantar todo eso te ha hecho mejor persona? ¿Ha hecho del mundo un lugar mejor? Obviamente, no. Dicho de otro modo, que las relaciones sean interesadas no les quita un ápice de ética o de sinceridad. El interés no es egoísta si lo gestionas siempre desde el principio de la reciprocidad: no vamos a obtener nada sin dar algo a cambio desde el amor, que sume de manera positiva para todas las partes implicadas.

Y este principio sirve tanto para el amor, la amistad, la creación artística y las finanzas como para el éxito empresarial. Es un pacto, un acuerdo, un *win-win* en toda regla, pero también es confianza, crecimiento, riqueza (de todo tipo), realización, sinergias, diversión, goce, evolución, progreso y satisfacción.

Los vínculos que generamos con un interés claro son mucho más fuertes e íntegros, porque, desde un inicio, sabemos que todas las partes saldrán beneficiadas, que alcanzarán sus objetivos con mayor facilidad y satisfacción. Es una danza mágica en la que la suma de las partes produce algo mucho más sublime que lo que un único individuo podría generar. Las relaciones interesadas no están reñidas con el amor y la generosidad; estos valores, y otros muchos, permanecen en la fórmula. Se trata, únicamente, de añadir un nuevo elemento a la ecuación: LA ESTRATEGIA.

Hazlo con amor, planéalo con estrategia.

Relaciones estratégicas

Debemos empezar a entender que todas las personas tienen un valor operativo en nuestra vida. Sé que puede sonar algo frío, pero no lo es. Déjame que te explique el porqué. Influimos en los destinos de los demás de manera inevitable. No podemos caminar por la faz de la Tierra sin influir en nuestro entorno, sin provocar cambios, ya sean positivos o negativos, incluso sin pretenderlo. Y, por otro lado, todos tenemos objetivos que cumplir (ya sean materiales, espirituales, profesionales o personales). Por lo tanto, debería ser lógico que buscáramos rodearnos de personas con un alto poder operativo, es decir, que con sus recursos (influencia, contactos, energía, amor, conocimientos, etcétera) nos facilitaran conseguir dichos objetivos.

Por eso es tan importante utilizar la estrategia en la construcción de nuestra red de contactos. No dejar al puro azar o a la inercia algo tan importante es lo que otorga el verdadero valor a esas relaciones.

Crear relaciones estratégicas no significa mercantilizarlas. Lo que hacemos es enaltecerlas. Reconocerlas como los poderosos activos que son. Y tampoco hablamos de rechazar a nadie en función de lo que valga o deje de valer, ojo. El valor operativo no define a esa persona, no es un parámetro que califique ni cuantifique sus cualidades de forma «absoluta» (alguien puede ser muy poco positivo para mi proyecto vital, pero altamente valioso para el de otro). Ni mucho menos es un juicio moral.

Te pondré un ejemplo: ¿conoces la historia de J. K. Rowling, la famosa autora de Harry Potter? Quizá no sepas que fue rechazada por siete editoriales, hasta que la hija de ocho años del presidente de Bloomsbury, la editorial londinense que publicó sus obras, leyó su manuscrito. Y el resto... es historia. Seguro que pensarás que esos editores están ahora tirándose de los pelos por la oportunidad perdida, pero lo cierto es que la mayoría han declarado que están en paz con la decisión que tomaron. Y esa tranquilidad proviene de que su rechazo no tuvo nada que ver con la calidad del texto ni, mucho menos, con algo personal contra la autora. Sencillamente, en aquel momento no necesitaban una obra de fantasía infantil en su catálogo. Fue una decisión basada en el valor operativo de esa oferta en unas circunstancias determinadas. Y seguramente volverían a hacer lo mismo. No es el valor de la persona, son las circunstancias.

Si una persona tiene un alto valor operativo para mi proyecto de vida, la quiero cerca de mí, así de sencillo. Pero no considero que sea mejor persona que otra a la que no deseo introducir en mi red de contactos. Y mi compromiso pasará por esforzarme en ser un alto valor operativo para las que sí quiero dentro. Simple y claro. Me basta con mirar a mi alrededor, a la gente que conozco, y con mi propia experiencia, para corroborarlo.

Tu destino está en tu red de contactos.

Esta frase es una de las mayores verdades que he descubierto en la vida adulta. Y también es muy cierto que esa red debe estar construida y tejida de forma amorosa, genuina y estratégica.

Entiendo que la palabra «estrategia» pueda provocar cierto rechazo y que no te pegue con «amor» y «genuino». Siempre que oímos que alguien es un «estratega» imaginamos a un personaje frío y calculador que solo piensa en sus propios intereses y al que no le importa pasar por encima de los demás para conseguirlos.

Pero no es de eso de lo que estamos hablando, al contrario. La estrategia la utilizamos a diario en diferentes aspectos de nuestra vida y ni siquiera somos conscientes de ello.

Contesta a un par de preguntas:

- Intuyo que cuando vas al supermercado sabes lo que vas a comprar, tienes ese menú semanal más o menos pensado y colocas los productos más pesados en el fondo del carro. ¿O vas a comprar lo primero que se te ponga por delante, coges productos que desconoces y eres capaz de meter los huevos debajo de un pack de doce latas de cerveza para que revienten?
- También estoy convencido de que cuando te apuntas al gimnasio lo haces con un objetivo claro de ponerte en forma, buscas uno que te quede cerca de casa o el trabajo, y programas unos horarios que se adecuen a tus necesidades y logística. ¿O pasabas por la puerta y te dio por apuntarte de manera impulsiva sin tener un objetivo claro de pérdida de peso, musculación o nuevos hábitos?

Como estos ejemplos, se me ocurren mil más. Así que te pregunto: ¿utilizas la estrategia para las cosas más simples y cotidianas de la vida, y no vas a utilizarla para diseñar tu red de contactos? Recuerda: ¡es tu destino lo que está en juego!

Somos mucho más estrategas de lo que creemos. ¡Incluso

con las relaciones! El problema es que solemos hacerlo de un modo intuitivo y desorganizado. Piénsalo. Cada vez que necesitamos algo de cierta importancia, buscamos una recomendación en nuestro círculo de relaciones. Una canguro de confianza, el colegio al que enviar a nuestros hijos, un buen restaurante para comer carne, un director de banco que nos reciba en su despacho para negociar una hipoteca... ¿Te suena? Lo hacemos todos, y lo hacemos casi sin pensar. Cuando queremos una solución fiable de cualquier tipo, la buscamos en nuestra agenda, pensamos en nuestros vínculos. Y, al mismo tiempo, cuidamos mucho lo que sugerimos a nuestros conocidos, porque esa recomendación habla de nosotros, nos representa.

Pues el famoso término *networking* no es más que eso, pero sumando conciencia, planificación y estrategia para lograr unos objetivos personales y/o profesionales.

Los tres niveles de *networking*

En el *networking* hay tres niveles. El que realmente importa, el que provocará cambios significativos en tu vida, es el tercero. Pero no podrás alcanzarlo, y te lo aseguro de manera tajante, sin la mentalidad adecuada.

El tercer nivel, el llamado «exponencial», es el que de verdad te catapultará en tu carrera, en tus negocios, en cualquier proyecto que te propongas. De todos modos, está bien (y es natural) pasar antes por los dos anteriores, es el camino más frecuente, y forma parte del proceso de aprendizaje.

Eso sí, cuanto antes hagas tu cambio de *mindset* y aprendas las reglas del juego para llegar al tercer nivel, mucho mejor. Porque solo entonces será cuando empieces a ver los verdaderos resultados.

Vamos a verlos, y así lo comprenderás mejor.

1. Nivel improductivo

En este estadio puede que empieces a entender la importancia de las relaciones, de construir una red potente de vínculos de alto impacto, pero está claro que no tienes ni idea de cómo hacerlo, que vas dando palos de ciego y que la mayor parte de tus esfuerzos caen en saco roto. Seguramente tiendes a procrastinar el hecho de invertir tiempo en generar nuevos contactos o te escondes detrás de una pantalla, evitando los eventos presenciales o las acciones más proactivas. Este es un nivel en el que el miedo se alimenta a sí mismo con discursos del tipo: «Soy tímido, me pongo nervioso, no sirvo para esto, no lo disfruto...». En el próximo capítulo verás que estas creencias provienen de una mentalidad rígida.

En este estadio confundes cantidad con calidad, venderte con hacerte valer.

Estás tan obsesionado con no mostrarte que te olvidas de observar y analizar con mayor perspectiva, y eres incapaz de detectar las verdaderas oportunidades. No has implementado el pensamiento estratégico. Quizá no estás invirtiendo en formación. No tienes un verdadero plan de acción.

Es un estadio peligroso, de anticrecimiento, de anticambio. Ninguna de tus acciones parece tener un impacto significativo.

Eso se traduce en una pérdida de competitividad, porque te vuelves irrelevante e invisible. Y entras en un círculo vicioso de desencanto, que te hace procrastinar cada vez más.

Es como ir al gimnasio. La teoría la sabemos todos. Y apuntarse es lo más fácil. Pero si no tienes un buen plan global, que abarque diferentes aspectos —alimentación, logística del tiempo, recursos de motivación, entorno que te empuje, asesoramiento profesional, etcétera—, lo más seguro es que comiences a fallar y abandones. O, en el mejor de los casos, que solo vayas de tanto en tanto, cuando tu conciencia, o el recibo mensual de la cuota, te llame al orden. Sin resultados patentes, por supuesto.

Tomar conciencia de la importancia del ejercicio, haberte apuntado a un gimnasio e ir de vez en cuando es mejor que nada…, vale. Pero cuanto antes salgas de este nivel, mejor. Porque corres el riesgo de quedar bloqueado.

> No temas ir despacio, solo teme no avanzar.
>
> Proverbio chino

2. Nivel efectivo

En esta fase ya comprendes la importancia de pensar y actuar de forma estratégica. Has hecho un ejercicio de autoconocimiento, un análisis de tu situación de partida, has marcado tus objetivos y un plan de acción, y lo vas implementando.

Es una fase de mucho aprendizaje, en la que cometerás bastantes errores.

Has comenzado a conectar con mucha gente a través de las redes, vas a eventos, haces *networking* online y presencial, empiezas a mostrarte, a tener una actitud más proactiva. Haces esfuerzos económicos, de energía y de tiempo para expandir tu red y, como resultado, surgen ideas, aprovechas nuevas oportunidades, empiezas a crear sinergias y a expandir tu red de contactos.

Vas por muy buen camino, sin embargo, un error muy frecuente que abunda en estas etapas y en profesionales que no tienen la mentalidad adecuada es tratar de vender sin frenos y a la desesperada. Acuden a los eventos con el pensamiento de: «¿Qué hay aquí para mí? ¿Qué le puedo vender a esta persona independientemente de quién sea? ¿Y qué le puedo enchufar a esta otra? ¿Qué contactos rápidos puedo hacer para mi negocio? ¿Qué voy a ganar YO?».

Pues bien, todo esto no hace más que ralentizar el progreso. Es más, lo más probable es que esté resultando contraproducente. Después de provocar en los demás bostezos y plantones, muchos comienzan a darse cuenta de que algo falla, de que a los demás no les parecen tan interesantes como ellos se esfuerzan en mostrarse.

Es verdad que has desarrollado una parte importante de tu pensamiento estratégico, y que buena parte de tus acciones están dando frutos... Pero, para pasar al siguiente nivel, toca un cambio mucho más profundo. **Un gran cambio de mentalidad.**

3. Nivel exponencial

En este nivel debes seguir haciendo todo lo positivo que hacías en el dos, pero con mucha más estrategia, y, sobre todo, DESDE OTRA MENTALIDAD. No te imaginas lo importante que es esto para lograr una verdadera evolución. Por eso, más adelante hablaremos sobre la mentalidad de crecimiento (o de alta posibilidad) y cómo esta determina lo que consigues en la vida y lo que no.

Pero ahora, de momento, solo necesitas saber que ese cambio de *mindset* es clave para llegar a este nivel.

En la fase exponencial vas a poner el foco en mejorar la calidad de tus contactos antes que la cantidad. Vas a rodearte de esas personas que de verdad te ayudan a lograr tus objetivos, que te catapultan, que te acompañan, a los que les importa sinceramente que alcances tus metas. Pero el verdadero cambio de *mindset* es que…

Vas a INVERTIR en el éxito de los demás, en ese círculo de influencia que tú has elegido CONSCIENTEMENTE.

Tu foco va a estar tanto en lo suyo como en lo tuyo. Y ellos van a devolverte esa inversión. Porque así está pactado.

Las sinergias resultantes van a ser poderosas y beneficiosas para ambas partes. Van a surgir oportunidades y se van a alcanzar metas impensables fuera de esa red.

Te convertirás en un accionador, en un conector. Crearás corredores de contactos, diferentes núcleos de influencia relacionados entre sí. Serás una persona magnética que atraerá oportunidades y abundancia, y cosechará resultados e impacto.

Puede que veas esto como lejano, pero te prometo que es posible conseguirlo. Tu nueva mentalidad de crecimiento te impulsará a diversificar estas conexiones. Uno de los frenos más importantes de crecimiento que me suelo encontrar en la fase dos es que las redes son demasiado homogéneas. Los abogados solo se relacionan con abogados, los contables con contables, los arquitectos con arquitectos… De ese modo se crean conexiones muy limitadas, que pueden ser efectivas, sin duda, pero que tienen un corto recorrido.

Sin embargo, cuando comienzas a diversificar, conoces a personas que te desafían a pensar de un modo diferente, a planear de una forma que no habías contemplado hasta ahora, que te muestran perspectivas y visiones absolutamente disruptivas y creativas.

Además, accedes a profesionales con otras habilidades, que son expertos en áreas en las que quizá tú flaqueas, con influencia en sectores que no dominas o con información de otras jerarquías que necesitas conocer.

> Si tu única herramienta es un martillo, tiendes a tratar cada problema como si fuera un clavo.
>
> ABRAHAM MASLOW

Ese es el peligro de ser experto en un tema y rodearte solo de similares. Una red diversificada te hace estrujarte el cerebro, te muestra cómo afrontar un reto desde ángulos diversos y creativos, y te proporciona un catálogo infinito de soluciones.

Y es que es vital aceptar que no se puede aprender todo lo que hay que saber.

En mi caso, tuve muy claro desde el primer momento lo importante que era tener un núcleo duro de personas con diferentes conocimientos y para quienes mis habilidades son igual de valiosas.

Esta diversidad de *expertise* hará que la tribu de pares que habías formado en el nivel dos se convierta en un círculo de influencia mucho más abierto, poderoso, inspirador y transformador, un lugar donde suceda la magia y lleguen los resultados verdaderos.

Ya sabes, tu red de contactos es tu destino.
Es tu mayor activo.

Cuando llegas al nivel tres, te das cuenta de que esa interacción ya no va de hacer meras transacciones, como en el nivel dos. Yo te doy, tú me das… Eso ya quedó atrás. Ahora trabajas EN EQUIPO junto a tus núcleos de influencia para lograr los objetivos. Ahora, las sinergias producen una energía nueva, mucho más grande que la simple suma de las fuerzas individuales, más poderosa, más satisfactoria. Ahora estás creando compromisos a largo plazo. Y eres capaz de cambiar tu realidad y la de los otros.

En el nivel tres, no solo estamos construyendo negocios. Creamos legados.

Núcleos de influencia

Ya te adelanto que no soy muy fan del término *networking* (aunque inevitablemente lo usaremos). Está demasiado manido, me suena a marketing barato o dinámicas infantiles. Al menos es en lo que ha acabado por convertirse para numerosas personas y lo que se promueve en diferentes sitios. Mucha gente cree que hacer *networking* consiste en tener cientos de miles de seguidores en las redes sociales, una lista interminable de contactos o ir a un montón de eventos de forma indiscriminada, tomar unas tapas, beber una copa de vino y comerle la oreja al de enfrente sobre lo bien que te trata la vida o lo increíble que va tu empresa.

Y, en realidad, nada de eso sirve más que para generar el efecto opuesto: aburrimiento, rechazo y pereza en los demás. Y frustración en ti, claro. No se trata de agrandar la agenda ni de conectar con la gente sin ton ni son. De hecho, estoy convencido de que es mucho mejor tener un pequeño núcleo duro de contactos que valgan la pena de verdad, que te impulsen hacia tus metas y te ayuden a evolucionar, que mil quinientos que no recuerden tu nombre, ni te atiendan al teléfono, ni estén alineados con tus propósitos. El *networking*, bien entendido, es la habilidad de crear, mantener y expandir nuestra red de contactos, generando vínculos de confianza y resultados significativos.

***Networking* no es intercambiar tarjetas, es transferir valor e intercambiar confianza.**

Debo decir que me encanta comer, beber y compartir buenos ratos con gente inteligente; es algo que me apasiona y que promuevo muchísimo, pero crear vínculos, gestionarlos, mantenerlos y expandirlos es un arte. Y, como todo arte, existe un conjunto de reglas que debemos conocer y dominar. Se precisan habilidades y conocimientos específicos que, por suerte, pueden aprenderse.

Yo los aprendí en su día, y llevo mucho tiempo enseñándolos a través de mis charlas, talleres, conferencias, *masterclasses* y redes sociales, pero sentí que era el momento de reunir toda esa experiencia y aprendizaje en un libro, este que tienes en tus manos y que es el reflejo de muchos años de trabajo, investigación y, sobre todo, práctica.

Por todo esto, estoy convencido de que esta obra es un potente catalizador y una herramienta increíblemente valiosa que te abrirá la mente para que comprendas QUÉ es el verdadero *networking* y, sobre todo, para que aprendas CÓMO debes hacerlo. Y su alto valor radica, ni más ni menos, en que no hay ni una sola de sus enseñanzas que no haya comprobado en persona que funciona. Si me conoces, ya sabrás que me gusta hablar claro y que no me va lo de vender humo. Aquí encontrarás, a diferencia de en otras obras, mi pura esencia, desde mis inicios inciertos hasta mis dudas, pasando por mis debilidades y crisis existenciales, hasta el momento presente, donde gozo sin complejos y sin falsa modestia de la increíble vida que he construido, la vida que me merezco y que, de verdad, quería vivir. Pero hasta aquí ha habido un camino, y estoy seguro de que estas páginas pueden constituir una poderosa guía en el tuyo.

¿Y por qué lo he llamado *Núcleos de influencia*? Porque ese es, precisamente, el nivel al que quiero que llegues, donde tengo el privilegio de encontrarme en estos momentos, como fruto de aplicar el conocimiento que expondré en este libro.

Si te conviertes en un gran conector de personas, si te dedicas a crear vínculos de valor y potenciar sinergias entre los demás, vas a ser ese alguien que tiene todos los contactos que otro pueda necesitar. Si eres generoso y estratégico con tus contactos, la gente va a querer estar a tu lado, te vas a convertir en una persona magnética e influyente. Los activos más valiosos de tu red y, por lo tanto, las oportunidades de crecimiento orbitarán a tu alrededor como lo hacen las partículas de un átomo. Serás un núcleo de influencia, que atraerá cada vez más abundancia y oportunidades a medida que haces crecer tu marca y elevas tu estatus. Hasta que tu red de contactos alcance un nivel tan expansivo que no solo estés tejiendo vínculos con otras personas, sino que acabes por convertirte en un «conector de conectores».

Me explico.

Cuando logras acceder a determinados círculos y consigues que determinadas personas te abran su red de contactos, estableces vínculos que conectan no solo a individuos, sino a redes muy poderosas que orbitan, a su vez, alrededor de esas personas magnéticas e influyentes. Cada núcleo proporciona cohesión y mantiene en crecimiento su propia red, pero, al mismo tiempo, interacciona y crea sinergias de altísimo valor con otros núcleos de influencia. Cuando alcanzas este nivel de contactos, tu agenda, y tu vida, se vuelve potente, rentable y transformadora.

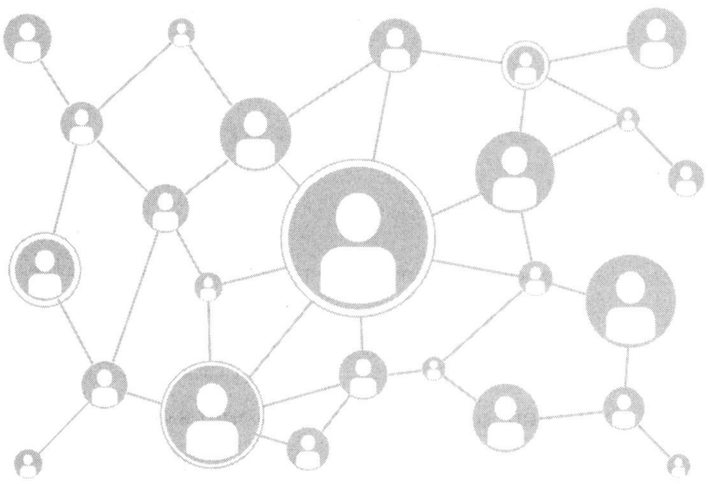

No obstante, eso no significa contemplar el mundo desde el más puro egocentrismo. ¡Más bien al contrario! Cuando te conviertes en un núcleo de influencia, no estás operando desde tu ombligo, ni mucho menos, sino que estás centrado en lo que te rodea. Tu energía y tu foco también están puestos en el crecimiento de los demás. Ellos te ayudarán a ti, y tú, a ellos. Tu influencia, tus conexiones, tu aporte de valor, llegarán a tantas personas, y de maneras tan diferentes, que la rueda de abundancia y oportunidades que se generará para todos (incluido tú) será de altísimo impacto.

Pero nada de todo esto es factible de un día para otro y sin cierta planificación. Para construir esa red de contactos puedo conceder algo de crédito al azar (aunque poco). Acepto que existe la posibilidad de que en algún momento, de pura chiripa, un contacto caído del cielo te cambie la vida; pero el verdadero *networking* no es una lotería, es un juego amoroso de astucia, honestidad, inversión y compromiso. Y esfuerzo. Mucho esfuerzo.

Tus contactos, tus llaves maestras

Una red de contactos bien diseñada y trabajada se convierte en algo indispensable para cualquier persona, independientemente de si trabaja por cuenta ajena o propia. Las relaciones, tanto directas como indirectas, son una palanca poderosa que puede cambiarte la vida o acercarte a oportunidades de negocio y expansión casi inimaginables. Son una auténtica catapulta profesional. Si alguien te dice que ha llegado a la cima solo, o sin cuidar al detalle el entorno del que se ha rodeado, miente.

> Aquellos más cercanos a ti determinan tu nivel de éxito. Mi consejo es que te rodees de personas talentosas que te desafiarán, te ayudarán a crecer y te inspirarán para maximizar tu potencial. Es hora de crear un nuevo plan de acción, uno que identifique a las personas adecuadas para ti que nutrirán tu red para el éxito mutuo.
>
> JOHN C. MAXWELL, experto en liderazgo

En los últimos quince años he tenido la fortuna de reunirme con personalidades de gran relevancia alrededor del planeta: grandes empresarios, altos directivos, artistas de fama mundial, deportistas de élite, escritores de primera línea, referentes mediáticos, políticos, emprendedores de éxito, etcétera. He intimado con muchos de ellos, y puedo asegurar que existe un patrón común en el perfil de estas personas: todas tienen claro que no lo habrían logrado sin una red de relaciones poderosa, sinérgica y expansiva.

Insisto, absolutamente nadie ha alcanzado el éxito de manera solitaria. Las relaciones y los contactos son factores fundamentales en el éxito de una carrera profesional. Son el *must-have* por excelencia.

Si tienes relaciones de alto valor,
tienes una base firme para lograr tus objetivos.
Si careces de ellas, compras más
números para el fracaso.

Otro punto que he visto en innumerables ocasiones es que el fracaso de un proyecto empresarial, un objetivo personal o un reto emocional se podría haber evitado con las relaciones adecuadas. Si lo llevamos al terreno emprendedor, te diría que el principal motivo de tropiezo de muchos dueños de negocio es que juegan a ser Juan Palomo, «yo me lo guiso, yo me lo como». Pero lo cierto es que tendrás muchas más posibilidades de superar cualquier bache con el que te encuentres si cuentas a tu alrededor con las personas que pueden ayudarte. Por ejemplo: si tienes en tu red a un inversor de confianza cuando precises una inyección de capital para salir de un agujero. O a un experto informático cuando decides impulsar la digitalización de tu negocio para plantar cara a la competencia. O un coach personal cuando algún cúmulo de malas decisiones te haya llevado a un callejón sin salida emocional… Todo es posible de superar cuando se juntan el talento y los conocimientos necesarios para aplicar las soluciones perfectas ante cada contingencia.

En este libro encontrarás un buen número de ejemplos que darán fe de que todo esto que te estoy contando no es solo teoría. Te explicaré situaciones y casos extraídos directamente de mi propia experiencia (yo tampoco conseguí todo lo que tengo solo) y también de los testimonios de personas muy queridas y admiradas dentro de mis núcleos de influencia.

Y es que es algo que veo que sucede una y otra vez. Las personas y profesionales de valor se ayudan entre ellos, crean riqueza, abundancia y oportunidades a base de conexiones reales, de confianza. Aseguran la plaza en ese colegio para sus hijos, se informan de las próximas tendencias de un mercado concreto que todavía no se han hecho públicas, se recomiendan a aquel otro profesional que un día supo solucionarles una situación parecida a la que uno puede estar pasando…

¿Sabías que el 80 % de las ofertas de empleo no llegan a salir al mercado, sino que se cubren con las recomendaciones de amigos o conocidos? Y, cuanto más alto es el nivel, más se cumple esta regla. Pero esas relaciones no van a ir a tu casa para llamar a la puerta. Debes salir tú a buscarlas. Debes trabajarlas, con astucia y estrategia, de forma constante, invirtiendo gran parte de tu tiempo y energía. Y también de tu dinero.

Quizá te esté dando la impresión de que todo esto es algo demasiado «ambicioso» para ti, y que tiene poco que ver con tus objetivos vitales o personales. Aprovecho ahora para desmontar otro mito ampliamente extendido:

El *networking* NO es solo para emprendedores o empresarios de alto standing.

Si hasta ahora esta era una de tus objeciones para no prestar atención a tu red de contactos, ya puedes darla por rebatida y ponerte manos a la obra. Este libro también va a conseguir que cambies tu visión sobre este punto. Cualquier persona en cualquier situación comprobará cómo mejora su vida en cuanto comience a optimizar su agenda y a generar un entorno mejor. Incluso aquellos que estén trabajando por cuenta ajena. O aquellos que solo se centren en su crecimiento personal o busquen un desarrollo espiritual. Da igual.

Por cierto, existe una falsa creencia instaurada según la cual «tener buenos contactos es tener acceso a personas con muchísimo dinero, poder e influencia». Sin embargo, lo que muchas veces necesitamos en nuestros proyectos de vida no son esos «peces gordos», sino el contacto de esa persona que sabe sobre cosas diferentes a las que tú sabes. Tener buenos contactos NO se reduce a tener acceso a millonarios, políticos o personalidades famosas.

He progresado en la vida (y lo sigo haciendo, claro) gracias a que me he rodeado de gente que maneja un tipo de información distinta de la que yo controlo, que tiene acceso a datos y detalles que quedaban fuera de mi alcance. Y estas personas son de lo más variadas: abogados, arquitectos, camareros, azafatos de vuelo, especialistas en marketing, diseñadores de experiencias, gestores de una pequeña empresa, trabajadores de una multinacional, especialistas en *branding* o dueños de una clínica de salud, por ejemplo. ¡Cualquiera puede serlo!

En ocasiones, la información más valiosa no está en manos de los grandes nombres ni los altos cargos, sino en personas que están en la calle como tú y como yo, lidiando con los problemas del día a día, haciendo malabares con la crianza de sus hijos, sacando un proyecto adelante o en la otra parte del mundo. Recuerdo un día que estaba especialmente agobiado por un problema personal de cierta importancia. No veía salida ni la forma de enfocarlo. Pues te contaré que el mejor consejo que recibí durante aquellos días fue de un señor de setenta y cinco años, taxista jubilado, que estaba haciendo cola delante de mí para realizar unos trámites, y escuchó sin querer mi conversación por el móvil. Me dio una perla de sabiduría y un contacto suyo que me ayudaron a solventar la situación que tenía. Esa preciosa perla o ese contacto capaz de enfocar tu mente hacia la perspectiva adecuada puede estar en cualquier lugar. Ve siempre con la mente abierta para escucharla y atraer a las personas adecuadas.

Además, lo bueno que tiene esta gente de carne y hueso (y sangre roja) es que es mucho más accesible. Suele estar más dispuesta a echarnos una mano de manera directa, rápida y eficiente. Por lo tanto, la proximidad es poder, y cuanto más cerca estemos de las personas correctas, más poder tendremos en nuestra vida (a todos los niveles).

Mejorar las relaciones mejora la vida de todos… siempre

Cuando comienzas a trabajar de forma estratégica y amorosa tus relaciones, estás generando un mundo repleto de caminos, puertas y oportunidades que no se limitan a los negocios o la economía. Seas quien seas, hagas lo que hagas, una red de contactos construida con generosidad y metodología estará preparada para trabajar a tu favor siempre que la necesites.

Hace poco me encontraba en una de mis coctelerías favoritas del barrio del Eixample, en Barcelona, precisamente tomando las primeras notas para este libro que tienes ahora en tus manos, cuando entró por la puerta Pablo, un viejo amigo al que hacía mucho que no veía.

Lo había conocido en el club de tenis veintiún años atrás, y aunque no habíamos forjado una gran amistad, sí que habíamos jugado unas cuantas veces. Era un tipo tranquilo, tímido, más bien callado, que casi nunca se quedaba a tomar algo en el bar del club, pero las veces que intercambiamos algunas palabras, recuerdo haberme reído mucho con su manera de ver el mundo y de explicar las cosas. Me caía bien, y mis ojos necesitaban un descanso de la pantalla, así que me levanté y fui a buscarlo. Se alegró de verme y estuvo encantado de sentarse quince minutos a tomar una cerveza conmigo.

Me preguntó por lo que estaba haciendo en aquel momento, señalando el portátil que tenía sobre la mesa, la libreta llena de diagramas, flechas y cuadros, y un par de copas vacías. Yo le hablé con entusiasmo del tema del libro que estaba a punto de escribir, el segundo de mi vida.

—Hum, no sé, Nacho… Me parece interesante todo lo que me cuentas —me dijo, sacudiendo la cabeza—, ¡y me encantó *Dinerograma*!, pero creo que este otro libro no va a ser para mí. No soy muy social que digamos. Y tampoco creo que lo necesite. Ya sabes que soy un tipo raro, je, je… con gustos sencillos y solitarios. Además, soy gestor, llevo catorce años en la misma empresa, tengo un buen sueldo y cierta tranquilidad económica. Pienso en contactos y me entra muchísima pereza... ¿para qué necesitaría yo todo este enredo del *networking*?

Por supuesto, era una pregunta retórica, él tenía claro que no lo necesitaba, así que me limité a sonreírle y cambié de tema. No soy de los que disfrutan sentando cátedra o impartiendo sermones a aquellos que, claramente, no están interesados en un tema por más que yo lo vea de vital importancia. La conversación se desvió por otros derroteros, y tocando el tema de la salud, me confesó una dolencia que le tenía preocupado y sobre la cual dos especialistas que había visto no se ponían de acuerdo.

—Pará, pará... —lo interrumpí—, precisamente un amigo del gimnasio está casado con una de las mejores especialistas de España en este tema. Si quieres puedo preguntarle si nos puede dar una mano, o tal vez una cita urgente.

—Y... no te diría que no, pero tampoco querría abusar de tu amigo, Nachito...

—¡Tranquilo! Jugamos al pádel juntos cada semana, somos muy amigos —le aseguré—. Y sé que va a estar encantado de hacerme este favor, porque hace poco le conseguí unas entradas para un torneo de tenis que estaba buscando como loco.

—Joder, Nacho... Pues muchas gracias, tío... Si me consigues esa cita, te lo agradezco muchísimo. Me tiene preocupado este tema —me confesó.

Al cabo de un par de semanas, Pablo me llamó muy agradecido y me mandó un vino a casa. Marta, la mujer de mi amigo del club de tenis, había sido de gran ayuda. Estuvimos al teléfono un buen rato, algo poco frecuente para su escueto despliegue comunicativo habitual. En un momento dado, aproveché para preguntarle si podía ponerme en contacto con los fundadores de una gran empresa con la que trabaja su gestoría, ya que me interesaba conocerlos y entrevistarlos para mi canal de YouTube. ¿Qué hizo él? Contactó con ellos sin dudarlo y les habló de mí.

Unas semanas más tarde, ya estaba organizando una comida en Barcelona, de la que salieron conexiones muy interesantes.

Recuerdo que, cuando mi amigo y yo nos despedíamos de aquella llamada telefónica, no pude evitar decirle (con un poquito de intención, lo confieso):

—Un placer hacer buen *networking* con vos, querido...

Tardó unos segundos en contestarme, tanto que pensé que la llamada se había cortado. Pero entonces me llegó su voz a través del teléfono, con ese tono flemático que le hacer parecer más *british* que catalán.

—Ja, ja, ja. Lo mismo digo. Oye, ¿cuándo me dijiste que iba a salir tu libro? Ja, ja, ja. Tal vez me lo tenga que comprar y todo...

Así que, ya lo ves. También para personas como tú, que creías que lo de tener una buena red de contactos no iba contigo, ni con tu personalidad, y que tampoco lo necesitabas, he escrito este libro. Y es que, en cuanto empieces a poner en práctica lo que vas a encontrar en sus páginas, no darás crédito. Desde el momento en el que comiences a construir estratégicamente tu red de contactos, todo irá mucho mejor para tu negocio, tu empleo, tu familia, tu salud, tus proyectos futuros... en definitiva, para todo lo que seas capaz de soñar y crear en tu vida.

Este es tu libro

Estás a punto de cambiar de forma definitiva tu manera de hacer contactos y de trabajar tu capital relacional. Mi propósito con este libro es que, cuando acabes la lectura, hayas hecho un cambio profundo de *mindset* para que todas tus acciones tengan una proyección a largo plazo y un impacto significativo en tus objetivos, y, además, dispongas de las herramientas y conocimientos necesarios para tomar el control de tu red de contactos y acelerar tus resultados.

Y, para todo ello, es preciso que empecemos por activar un cambio profundo en tu mentalidad, un cambio que tiene que ver con tu autoconocimiento y con tu desarrollo personal.

De nada servirá si comienzo a darte *hacks* para mejorar tus habilidades de influencia, o a explicarte metodologías concretas, si antes no has entendido que las relaciones son nuestro mayor capital vital y que nuestra felicidad depende de ellas. Tampoco puedo explicarte las reglas del *networking*, si antes no cambio tu visión de la estrategia como concepto negativo, o si no consigo que entiendas qué es la mentalidad de alta posibilidad y cómo puedes aplicarla a cualquier ámbito de tu vida, no solo a los negocios, como muchas personas erróneamente creen.

Por eso, he estructurado el libro en tres grandes pasos o partes:

- PRIMER PASO: **CONSTRUYE TUS CIMIENTOS.** En esta parte hablaremos de RELACIONES, ESTRATEGIA Y MENTALIDAD. Analizaremos y desarrollaremos estos tres conceptos clave desde una perspectiva más amplia y humanista, para que puedas trabajarlos con el foco puesto en tu desarrollo personal. Son cimientos sólidos que te prepararán para los siguientes pasos.

- SEGUNDO PASO: **ELEVA TU MARCA.** En esta parte hablaremos de MARCA PERSONAL, INFLUENCIA Y PER-

SUASIÓN. Aquí ya entraremos en pura materia de *networking* estratégico. Te explicaré cómo desarrollar habilidades de influencia con el foco puesto en obtener un mejor posicionamiento y una autoridad reconocida en tu campo. De esta manera, te resultará más sencillo crear y alimentar tu red de contactos. Tendrás una especie de alfombra roja en los escenarios adecuados con las personas correctas, lo que te permitirá disponer de una agenda de contactos eficaz y orientada a los resultados.

- TERCER PASO: **ACCIONA.** En esta parte hablaremos de TU PLAN ESTRATÉGICO DE ACCIÓN. Este es el contenido más práctico, aquí te daré todas las pautas y herramientas necesarias, y un montón de *hacks* extraídos de mi propia experiencia para que puedas diseñar el mejor plan de acción dirigido a la construcción de tu red de contactos. Partiremos del diagnóstico inicial de tu agenda hasta llegar a los *tips* más eficaces para acudir a eventos, dominar las redes y que las personas poderosas abran sus agendas para ti. Te proporcionaré diferentes ejercicios y ejemplos reales que te ayudarán a aplicar a tu caso particular todos los conocimientos que has adquirido a lo largo del libro.

Toda una vida creando vínculos

Si me conoces, ya sabrás que llevo prácticamente toda mi vida adulta creando relaciones, construyendo vínculos, sinergias y colaboraciones con otras personas. Y, si no me conoces, verás que terminarás haciéndolo si te quedas conmigo hasta la última página, ya que en este libro he intentado volcar todo el aprendizaje que he acumulado durante estos años y transmitir con fidelidad las experiencias que a mí me han servido.

Esa filosofía de vida, esa actitud frente al mundo, es lo que me ha permitido vivir en cuatro países, acceder a diferentes industrias, disfrutar de grandes eventos mundiales, conocer a personas increíbles y conseguir trabajos, experiencias y oportunidades inimaginables. En definitiva, vivir la vida que quería vivir y cumplir mis sueños. Ninguna de estas cosas las podría haber hecho sin una red de contactos sólida. De eso no tengo ninguna duda.

Y ha llegado un punto en el que mis núcleos de influencia y sus efectos positivos están creciendo de una forma tan exponencial que a veces llego a sentir algo de vértigo. ¿Cómo lo he logrado? Sinceramente, no porque sea el más listo del barrio ni porque crea tener un carisma natural o un don innato para conectar a personas. La principal razón es que seguí los pasos que te describo a continuación.

- En primer lugar, decidí qué era lo que quería en la vida, cómo quería vivir y qué habilidades y conocimientos podían generar un impacto real en terceras personas.
- Después me esforcé en aprender y capacitarme en diversas áreas, y en dominar diferentes reglas del juego, sin perder jamás la ilusión y la capacidad de disfrute.
- Invertí tiempo, energía y dinero en crear, cultivar y expandir mi marca personal por España y Latinoamérica.
- Incluso me atreví a reinventar algunas reglas, y apliqué esas nuevas normas a mi propio juego con una mentali-

dad de alta posibilidad y crecimiento que también te explicaré.

Toda esta pasión y experiencia tenía que llevarme, de manera inevitable, a crear mi propio club de negocios y relaciones, ÉXTASIS, un lugar de encuentro para profesionales, emprendedores y empresarios donde los socios creemos firmemente en el poder de las relaciones, la formación y la expansión. En ÉXTASIS, aparte de capacitar y conectar a emprendedores, y de disfrutar de experiencias y eventos increíbles, nos dedicamos a ayudarnos unos a otros en la vida y los negocios, sin olvidarnos jamás del ocio y el disfrute. Creamos espacios seguros donde compartimos información y conocimientos, ofrecemos y explotamos nuestras habilidades y, en definitiva, evolucionamos juntos y nos hacemos mejores unos a otros.

Generar oportunidades, sinergias y colaboraciones entre grandes profesionales es la manera de catapultarnos para alcanzar límites, estadios y personas a los que jamás podríamos acceder solos. Para ser quien de verdad podemos llegar a ser y vivir como realmente nos merecemos.

Como dijo Keith Ferrazi en su libro *Nunca comas solo*:

El éxito en la vida = los vínculos que generamos + lo que creamos juntos.

Las relaciones son una forma de riqueza que se halla bajo tu control absoluto. Muchos autores hablan del concepto «capital relacional», que obviamente no consiste en tener muchos amigos ni mucho dinero, sino contar con una red de personas que transfiere valor. Un valor que no siempre es monetario, sino que puede darse como experiencia, otros contactos, aprendizajes, información, oportunidades, sinergias, apoyo, opcionalidad... Tu capital relacional es la mayor rueda de riqueza que puedas imaginar. Y debes crear esta fuente de abundancia aunque empieces desde cero. Una vez que la crees, nadie podrá quitártela.

¿Qué? ¿Conectamos?

PRIMER PASO

Construye tus cimientos

Hablemos de

RELACIONES, ESTRATEGIA Y MENTALIDAD

Construir una red de contactos podría compararse con tejer una red física (como la de un pescador, un tapiz o una tela). Nudo a nudo, puntada a puntada, enlace a enlace, tu red irá extendiéndose, cada vez más sólida, más resistente, más bella, más provechosa. A medida que vayas trabajando en tu red, más podrás confiar en su calidad, más usos podrás darle, más satisfacciones te proporcionará. Una red bien tejida, en la que cada puntada o nudo se hayan realizado con exquisito cuidado, estará ahí para protegerte cuando la necesites, como la red de un trapecista; para abrigarte, como un cálido edredón en invierno; para elevar tu autoridad, como el manto de un rey; para catapultarte, como una cama elástica.

Me gustaría que también imaginaras la lectura de este libro como si estuvieras tejiendo una red imaginaria de conocimientos, reflexiones, conceptos, recursos, herramientas y pautas de acción. Mi objetivo es que, al finalizarlo, esa red te pueda servir como patrón o guía para trabajar tu red de contactos real. Por eso, después de cada parte, repasaremos las puntadas o nudos más importantes que hayas tejido durante la lectura de sus capítulos.

Y en esta primera parte, esas puntadas van dirigidas a impulsar en ti un auténtico reseteo mental de muchas cosas que posiblemente te estén frenando.

El *networking* es un juego psicológico, mental y emocional. Pero, según cómo se mire, también es un juego de astucia, de estrategia. Por eso, para que puedas comprender las reglas por las que se rige y, sobre todo, para que seas capaz de dominarlas, es imprescindible que desarrolles la mentalidad adecuada.

Si eres una persona poco social, como mi amigo Pablo, no servirá de nada que te dé pautas sobre cómo acudir a eventos y hacer un buen *networking*, cómo entrar de forma eficaz a la gente por redes o de qué manera acercarte personalmente. Primero necesito que asimiles algo que a mí me cambió la vida.

Si eres de esas personas a las que les da vergüenza pedir un favor por no parecer interesada, o que siempre dicen que sí por no quedar mal, no servirá de nada que te explique el cuadrante del beneficio estratégico de las relaciones o te enseñe a detectar las relaciones improductivas. Antes debo lograr que cambies tu percepción de la palabra «estrategia» y la veas como algo positivo, honesto y generoso.

Si el término *networking* se te hace bola o te da sueño (podría entenderlo), si crees que solo es una forma de complicarte la vida, si no ves el modo de encajar más acciones en una jornada llena de madrugones, atascos, oficina, ordenador, cenas para los niños..., no servirá de nada que te proporcione un montón de herramientas o recursos para crear un plan de acción. Solo serás capaz de implementarlo si antes has realizado un cambio de *mindset*, si lo afrontas con la mentalidad adecuada.

Por todo esto, el primer paso que debes dar es CONSTRUIR TUS CIMIENTOS.

Y, para ello, necesitamos hablar de RELACIONES, ESTRATEGIA Y MENTALIDAD.

Porque, si se cumple mi objetivo, cuando pases a la segunda parte del libro ninguno de estos términos significará para ti lo mismo que hasta ahora. Ya no verás el *networking* como una palabreja moderna que no está hecha para ti. Estarás preparado para dominar las reglas del juego, incluso para crear las tuyas propias y comenzar a tejer tu red de influencia. Punto a punto, partido a partido.

1

El poder de las relaciones

> Incluso una sola buena relación humana puede ser una tabla de salvación cuando surgen los problemas, una estrella polar y una brújula que nos guían cuando tenemos que navegar por un océano de dificultades.
>
> OLIVER SACKS, *Despertares*

Poseer una red de relaciones de alto impacto será de vital importancia para conquistar grandes metas en tu vida. Como hemos visto en la introducción, no hay una sola persona «exitosa» de las muchísimas que me rodean y que he conocido en mi vida (y quiero que también entiendas exitosa como realizada, plena, feliz, satisfecha) que no haya basado su éxito en sus redes de contactos. Y me incluyo, por supuesto.

En este libro vas a encontrar todo lo necesario para aprender a crear, mantener y expandir tu red de contactos; tienes mi promesa de que, si lo lees con atención y pones en práctica todos mis consejos, herramientas y pautas de acción, te vas a convertir en un núcleo de influencia.

Y el primer paso que te voy a pedir que des conmigo, uno que me parece esencial, es comprender el infinito poder de las relaciones interpersonales, más allá del mundo de los negocios.

Lo que pretendo transmitirte en este capítulo es que las relaciones son un capital de altísimo valor para tu desarrollo profesional y personal, en todos los aspectos que puedas imaginarte. Y, es más, fíjate en lo que voy a decirte:

En tus relaciones está el secreto de tu felicidad.

Si aceptas esto como una verdad, como uno de los valores que regirán de ahora en adelante tu vida, tendrás hecha una buena parte del camino.

¿Qué nos hace felices a los seres humanos?

Las relaciones. Sí. Sin ninguna duda. Nuestra felicidad, salud y bienestar —y, por pura lógica, cualquier objetivo que te propongas en la vida— dependen de las relaciones. Esto no lo digo yo. Lo certifica el «Study of Adult Development», de la Escuela de Medicina de la Universidad de Harvard, que asegura que las personas más felices son aquellas que tienen mejores relaciones.*

Se trata de la investigación más extensa que se ha efectuado nunca sobre la felicidad. En 1938, hace la friolera de ochenta y seis años, comenzaron a recopilar y analizar datos sobre más de setecientos individuos, cuando apenas eran adolescentes. Hoy continúan haciéndolo con los que siguen vivos, ya nonagenarios, y con los más de dos mil hijos que han tenido. Ha durado tanto

* Liz Mineo, «Over nearly 80 years, Harvard study has been showing how to live a healthy and happy life». *Harvard Gazette*, 2017. <https://news.harvard.edu/gazette/story/2017/04/over-nearly-80-years-harvard-study-has-been-showing-how-to-live-a-healthy-and-happy-life/>.

tiempo que su director actual, el psiquiatra Robert J. Waldinger, es el cuarto que ha estado al mando.

El estudio nació con el objetivo principal de descubrir qué mantiene sanos y felices a los seres humanos. Para ello, los investigadores rastrearon, año tras año, la vida de los participantes, preguntándoles sobre su empleo, su familia, su salud. Los visitaron en su casa y en su puesto de trabajo. Les realizaron exámenes médicos, análisis de sangre, escáneres cerebrales. Observaron con lupa la vida de todos esos hombres, desde la adolescencia hasta que se convirtieron en ancianos. Vieron cómo algunos iban a la guerra, cómo se convertían en médicos, albañiles, contables, abogados. Uno fue, incluso, presidente de Estados Unidos. Algunos subieron en la escala social y alcanzaron riqueza y fama. Otros descendieron hasta lo más bajo.

¿Y qué lección surgió de las decenas de miles de páginas de información que los investigadores generaron, y siguen generando, sobre estas vidas? Waldinger no podría haberlo dicho más claro:

> Las buenas relaciones nos hacen más felices y saludables. Punto.
>
> ROBERT J. WALDINGER

Cuando los supervivientes del estudio alcanzaron la ochentena y la noventena, los investigadores miraron hacia atrás y revisaron toda la documentación que tenían sobre ellos. Y se dieron cuenta de que, a los cincuenta años de edad, podrían haber predicho quién se convertiría en un anciano feliz y saludable y quién no solo por el grado de satisfacción que manifestaban sobre sus relaciones. No había sido determinante su nivel de colesterol, ni su nómina, ni su facturación, ni sus pertenencias materiales, ideales políticos o estatus social... Aquellos que habían vivido las últimas décadas rodeados de relaciones buenas y de calidad habían recibido una protección y una fuerza que los habían convertido en los más felices del estudio.

A partir de ahí, los investigadores extrajeron tres valiosas lecciones:

1. Las relaciones sociales nos hacen bien, y la soledad mata.
2. Esta felicidad no tiene que ver con la cantidad de amigos que tenemos. Tampoco afecta estar o no en pareja. Un mal matrimonio es casi tan dañino como la soledad. Lo que de verdad importa es la calidad de esas relaciones más cercanas.
3. Las buenas relaciones protegen y cuidan nuestro cerebro.

Sobre este último punto, existe otro estudio interesante realizado por la Universidad de California, Los Ángeles (UCLA),* que investigó los beneficios neurobiológicos de las relaciones sociales. Los científicos descubrieron, mediante la observación de imágenes cerebrales, que, cuando recibimos apoyo emocional de una persona querida, nuestro cerebro activa con intensidad las áreas relacionadas con la recompensa y el placer, lo que provoca un bienestar neuroquímico inmediato.

Ya lo ves, los resultados siempre apuntan en la misma dirección:

Las personas con vínculos de confianza más fuertes son más felices, más sanas y viven más años.

* T. K. Inagaki, «Neurobiological Bases of Social Connection». *UCLA*, 2014. <https://escholarship.org/uc/item/6fc2g8ss>.

Las personas que están más aisladas son menos felices y más susceptibles de enfermar, tanto física como mentalmente.

Hace poco escuché una entrevista que el actor Henry Cavill dio tiempo atrás para el programa *Good Morning America*, de la cadena ABC. El famoso intérprete de *Superman* leyó en directo para la audiencia el mensaje que un amigo suyo de ochenta años le envió una vez y que siempre lleva en el teléfono como valioso consejo y lección de vida. Entre otras cosas, me quedé con estas dos frases tan poderosas, que te transcribo de manera textual:

> Elige cuidadosamente a tu pareja de vida, de esta decisión dependerá el 90 % de tu felicidad o tristeza. Y recuerda que el 80 % del éxito en cualquier trabajo se basa en tu capacidad para tratar con la gente.
>
> Anónimo

No puedo estar más de acuerdo con las enseñanzas de este anónimo y sabio octogenario. De hecho, la elección de la pareja es un tema muy recurrente en muchas de mis charlas y conversaciones, y merece un punto y aparte.

La elección (estratégica e interesada) de tu pareja

Sin ir más lejos, el estudio de Harvard también demostró que los matrimonios ancianos en los que cada cónyuge sentía que podía contar de verdad con el otro (a pesar de los lógicos desencuentros derivados de la convivencia, la rutina, los hijos, etcétera) mantenían sus recuerdos más nítidos y sus funciones cognitivas mucho más preservadas.

El matrimonio es una de las relaciones interpersonales más investigada en estudios sobre la salud. El doctor Hui Lui de la Universidad Estatal de Michigan recopiló y analizó los datos sanitarios y sexuales de más de dos mil doscientas parejas mayores (de entre cincuenta y siete y ochenta y cinco años). Y las conclusiones fueron rotundas. Un matrimonio bueno, donde la relación es de calidad, donde la pareja se respeta y ambos saben que pueden contar con el otro, se relaciona directamente con un menor riesgo de desarrollar enfermedades cardiovasculares. Por el contrario, un mal matrimonio, con peleas y falta de apoyo o respeto, se relaciona con un riesgo mayor, en especial en las mujeres.

Pero una buena relación de pareja no influye solo en la salud o el bienestar de sus componentes. Además…

El éxito de cualquier proyecto está en gran parte en manos de la persona que tengas a tu lado.

Y esto se constata, con especial claridad, cuando eres emprendedor o emprendedora. En ese caso, tu pareja puede ser un potente motor, un chute de energía o un pesado lastre.

Cuando estás emprendiendo cualquier proyecto laboral seguramente deberás trabajar muchas horas extras, viajar, socializar, estudiar, acudir a eventos y conectar con otros profesionales. Eso quitará tiempo a otras esferas de tu vida. Es inevitable. Pero la gran diferencia con un trabajador por cuenta ajena es que todo eso lo estarás haciendo por decisión propia, no porque un jefe te lo ha mandado. Y no es lo mismo decirle a tu pareja que te vas una semana a Miami porque te envía la empresa y no tienes otra opción, que decirle que te vas una semana a Miami porque crees que va a ser una buena oportunidad para tu negocio.

Esta segunda opción es mucho más difícil de digerir para el otro, porque la decisión es libre, y la has tomado en función de tu criterio, de tu instinto... y de tu escala de prioridades en ese momento. Y muchas veces sin ningún tipo de garantías ni seguridad. Y tu pareja se puede sentir tratada de manera injusta, si no comprende la esencia y el espíritu de tu actividad laboral, el poder de las conexiones o el impacto que puede tener estar en el escenario adecuado con las personas correctas.

La pareja de un emprendedor debe estar perfectamente alineada con ese estilo de vida y comprender de verdad cómo son los ciclos, etapas, formas de hacer y *momentums* que se tienen como empresario, porque solo así podrá ser una fuente de apoyo, empuje y motivación. En caso contrario, frenará de un modo continuo tu avance y ambos estarán en una espiral de conflicto, estrés y malestar.

«Pero eso es tener una visión muy interesada del amor», me imagino que alguien estará pensando.

Sí, claro.

¿Hay interés en elegir a tu pareja estratégicamente teniendo en cuenta tu estilo de vida?

Por supuesto. El interés de ser feliz y de ser fuente de felicidad para el otro.

Tan sencillo como eso. Tan honesto. Y tan lleno de amor. ¿Por qué una cosa debería excluir a la otra?

¿Y si te gusta la soledad?

Puede que se te haya pasado por la cabeza y te estés preguntando: ¿y qué pasa con las personas introvertidas? ¿Y las antisociales, que sufren con la gente y nunca salen de su torre de marfil? ¿Y qué me dices de los ermitaños? ¿Acaso no son personas realizadas, plenas y satisfechas con la vida que han elegido?

Bueno, vayamos por partes. El grueso de las personas exitosas a las que conozco te aseguro que tienen muy clara la necesidad de contar con una red de vínculos de confianza fuerte y consistente. Otra cosa es que todos tengamos nuestra personalidad, más o menos extrovertida, y nos pueda gustar más o menos el arte de socializar por el simple placer de hacerlo.

Pero hay una realidad: nuestro cerebro está diseñado para las conexiones sociales. No somos máquinas que se limitan a intercambiar información; necesitamos el contacto humano para funcionar bien. Estudios neurocientíficos han demostrado que el contacto social activa la liberación de oxitocina, conocida como la «hormona del amor», que reduce el estrés y fomenta la confianza.

Además, cuando estamos físicamente cerca de otras personas, se activa el nervio vago, que regula el estrés y mejora la sensación de bienestar. El apoyo social es fundamental, ya que un abrazo, una sonrisa o una conversación en persona activan procesos cerebrales que nos hacen sentir más conectados, seguros y tranquilos.

En definitiva, a lo largo de este libro descubrirás que ser introvertido o tímido no tiene por qué constituir un problema a la hora de relacionarte. Recuerda que no se trata de tener cientos de contactos a lo loco. Valdrá con un núcleo pequeño y poderoso, si eso es lo que necesitas.

Por otra parte, la soledad elegida en momentos concretos es uno de los grandes placeres de la vida; nadie lo discute. De hecho, yo recurro a estar solo cada día de mi vida al menos unas dos horas, pero cuando esa soledad es recurrente e impuesta, se trata del mayor y más cruel de los castigos. Por eso, en las cárceles, la celda de aislamiento es el correctivo más temido.

La soledad mata, destruye.

De hecho, yo mismo soy incapaz de pasar mucho tiempo sin hablar o compartir experiencias e impresiones con otra persona. Y seguro que, si lo piensas, tú también. ¿Qué es lo primero que tienes ganas de hacer cuando tienes un problema, cuando te llega una buena noticia o cuando hay algo que no sabes cómo abordar? Acabas de notar ese cosquilleo en los dedos, ¿verdad? Porque la respuesta es: llamar a alguien.

En general, odiamos estar solos desde niños. Lo veo a diario en Bruno y Martina, mis hijos pequeños. Y, a medida que vamos creciendo, seguimos huyendo de la soledad. Es cierto que a veces nos amigamos con ella, pero lo hacemos para conectar con nosotros mismos. Esos momentos de soledad nos sirven para resetear, para tomar perspectiva o crear un espacio de reflexión y, de esa forma, volver reforzados y llenos de energía a lo natural: conectarnos con los demás.

Necesitamos a los demás. Necesitamos relacionarnos.

En la adolescencia buscamos nuestra tribu, en la edad adulta nos emparejamos, creamos una familia, amistades potentes, vínculos fuertes e intentamos que perduren hasta el día de nuestra despedida. Necesitamos de un «otro» para pedir y ofrecer, para contar y escuchar, para mostrar y reconocer. Por eso, muchas personas que viven en soledad acaban por tener una mascota.

O el ermitaño aislado en el bosque habla y se comunica con Dios o con la naturaleza. Porque esa necesidad está en nuestro ADN. Y si no tenemos a otras personas para satisfacerla, buscamos sustitutos. Porque la soledad es tóxica, nos aleja de nuestra verdadera esencia.

Somos seres relacionales

Fíjate en que no he escrito «seres sociales». Eso es porque me gusta poner todo el énfasis en la palabra «relación». Por desgracia, vivir en sociedad no nos salva de la soledad, ni nos proporciona el impulso o la protección necesarios para disfrutar de una vida plena. Ojalá fuera tan fácil, pero no es así.

Podemos sentirnos muy solos en medio de una multitud, o con una agenda a rebosar de números de teléfonos, o con cinco planes diferentes para elegir un viernes por la noche. Ni siquiera vivir en pareja o un matrimonio largo son antídotos infalibles contra la soledad. De hecho, si el matrimonio es conflictivo, resulta todavía peor, y sus efectos son aún más perniciosos para nuestra salud y nuestra felicidad que el duro proceso del divorcio.

La calidad de tus relaciones es lo que marcará la satisfacción con tu destino.

Una de las preguntas que se formula a los participantes del estudio sobre la felicidad llevado a cabo por la Universidad de Harvard es: «¿A quién llamarías en mitad de la noche si estuvieras enfermo o asustado?». Y los resultados han demostrado que las personas necesitamos tener, al menos, dos relaciones de «apego seguro» (por ejemplo, esas personas a las que puedes llamar a las tantas de la madrugada por cualquier cosa y sabes que te responderán) para sentir que no estamos solas.

Y yo iría incluso un poco más lejos. También es muy importante tener esos contactos a los que llamamos para compartir una buena noticia y dejan lo que estén haciendo para pegar gritos de alegría, ya sea en medio de la calle o en el supermercado. Si tienes a esos dos tipos de personas en tu vida, eres sin duda muy afortunado. Voy a terminar con una definición brillante de la experta en comunicación Mónica Galán:

> Un buen amigo es a quien llamas a las tres de la mañana diciendo que tienes un grave problema y te responde: «Tengo una pala».
>
> MÓNICA GALÁN

La calidad de las relaciones se mide por la intensidad de lo compartido (y de los intereses comunes)

Hace tiempo leí un artículo sobre relaciones que me llamó la atención. Decía que un estudio de la Universidad de Kansas había revelado que se necesitan aproximadamente cincuenta horas para pasar de ser un simple conocido a un amigo casual. Y que hacen falta hasta noventa horas para pasar a ser «amigo de verdad». Para relaciones más profundas e incondicionales, doscientas horas de relación cercana parecían ser el mínimo.

Estuve reflexionando sobre estos datos y llegué a la conclusión de que no estoy de acuerdo. Tampoco vamos a dar la razón a todos los estudios, que para eso tenemos pensamiento crítico. Somos humanos y nos movemos por matices. Y a ese estudio le faltaban, según mi experiencia, muchos muchos matices.

Para empezar, no creo que ninguno de esos investigadores hubiera formado parte de algún club privado de negocios y relaciones, o de un club deportivo, por ejemplo. De ser así, seguro que se replantearía esa teoría desde los cimientos. Es impactante la magia que se produce cuando un grupo de personas con los mismos intereses, la misma generosidad y las mismas ganas de divertirse, crecer y aportar, se junta. Es una energía poderosa, transformadora, protectora, motivadora... Una energía que toca almas y consigue resultados. Y no hace falta que esas personas se conozcan desde la niñez, sean familia o hayan ido juntas a la universidad, te lo puedo asegurar. Piénsalo. ¿Todas tus amistades «de toda la vida» provocan ese efecto catapulta en tu crecimiento personal y profesional? No hace falta que me contestes. Ya sé que no.

Estoy convencido de que no depende tanto de las horas que haya durado una relación. Está claro que un mínimo de horas reforzará ese vínculo, pero creo que pesan más el contexto, las experiencias vividas, los intereses comunes, la energía y la generosidad que cada uno invierta en esa relación.

Las amistades se forjan en historias compartidas, en momentos de intensidad.

Imagina el ejemplo extremo de dos veteranos de guerra que compartieron tanque, cabina, habitación o tienda de campaña y vivieron hechos terribles, intensos y emotivos en un corto periodo de tiempo. No importa los años que lleven sin verse. Ese vínculo es indestructible. Y cada vez que vuelvan a hablar o a mirarse a los ojos, la magia volverá a producirse.

Todos queremos tener amigos así. Y utilizar la estrategia para crear tu red de contactos no supone, de ninguna manera, renunciar al romanticismo de esta idea. En absoluto.

Hay muchos tipos de amigos, y todos cumplen su función. Ser estratégico solo va de poner conciencia en ello, saber para qué puede servirte cada uno y para qué puedes servirles tú, y gestionar esas relaciones de forma que cada parte obtenga los máximos beneficios. Y cuando hablo de beneficios, no solo me refiero al éxito profesional, económico o al logro de objetivos materiales. También me refiero a la diversión, la compañía, el crecimiento espiritual, el puro goce o la simple comprensión.

¿Qué tipo de amigo eres?

Algo que también surgió del «Study of Adult Development», enunciado por uno de sus directores, Arthur Brooks, es que existen tres tipos de amigos que el ser humano necesita para alcanzar la felicidad.

- **Amistades útiles:** Suelen ser vínculos que surgen en el trabajo o en el ámbito profesional. Son amistades que se forjan para sacar adelante un objetivo común.
- **Amistades placenteras:** Brooks las define como: «relaciones que se basan en una admiración mutua». Son amistades cuyo principal objetivo es juntarse para disfrutar, porque ambas partes se encuentran divertidas e interesantes.

- **Amistades perfectas:** Se basan en la utilidad y en el placer recíproco. Cada parte le desea el bien a la otra y está comprometida en hacer todo lo necesario para procurárselo.

Todas estas relaciones son igual de importantes, y las necesitaremos en mayor o menor medida dependiendo del momento vital en el que nos encontremos. Lo verdaderamente honesto, tanto para uno mismo como para los demás, es ser transparente y mostrar qué amistad buscamos en el otro o podemos ofrecerle.

Toda relación es perfecta cuando ambas partes comprenden su propósito.

Lo mágico de esto es que, si mantenemos esa honestidad en todo momento, las energías fluirán de forma armoniosa y los vínculos se irán adaptando a nuestras necesidades casi sin que nos demos cuenta. Y una expareja se puede transformar en un estupendo socio de negocios, o una amistad que comenzó siendo solo profesional convertirse en un amigo para toda la vida.

> El interés, lo mismo que todo lo demás en las relaciones humanas, debe ser sincero. Debe dar dividendos no solo a la persona que muestra el interés, sino también a la que recibe la atención. Es una vía de dos sentidos: las dos partes se benefician.
>
> DALE CARNEGIE,
> *Cómo ganar amigos e influir sobre las personas*

Esa es la verdadera esencia de las relaciones estratégicas. Que nadie se puede sentir engañado o utilizado. Que siempre hay caminos abiertos para seguir buscando juntos la felicidad. Y eso hace que su poder sea inmenso. Yo casi lo llamaría «magia».

Y puedes usar esa magia para lo que quieras. Para vivir más tiempo, ser más feliz, estar más sano o hacer realidad tus sueños. O para reinventarte cuando ya creías que tu destino estaba escrito. Para lo que quieras. Esa magia es tu riqueza. Y esa riqueza nadie puede quitártela.

Ahora ha llegado el momento de que aprendas a crearla.

2

Jugadores de ajedrez

> Una visión sin una estrategia sigue siendo una ilusión.
>
> LEE BOLMAN

Otro concepto clave que necesito que comiences a entrenar antes de abordar la segunda parte de este libro es el pensamiento estratégico. Romper prejuicios contra la palabra «estrategia» y normalizarla dentro de tu *mindset*, no solo será muy beneficioso en muchos aspectos de tu vida cotidiana, como vamos a ver a continuación, sino que resultará esencial a la hora de construir con la máxima eficacia tu red de contactos.

Ya eres consciente de la importancia de las relaciones. Pues bien, ahora toca avanzar un poco más en ese cambio de *mindset* e implementar la estrategia dentro de tu filosofía de vida. Estos dos conceptos, RELACIONES y ESTRATEGIA, son esenciales para entrenar la mentalidad de crecimiento, que abordaremos en el próximo capítulo. Y a su vez, esa mentalidad es la única con la que lograrás realmente hacer un *networking* de alto impacto y eficacia. Recuerda, tejemos y jugamos punto a punto…

Volvamos ahora con la estrategia.

A mí me gusta mucho decir que deberíamos ir por la vida como jugadores de ajedrez. Es una forma de expresar que, en la vida, nuestros movimientos deberían estar más sentidos, pensados y medidos, calculando riesgos y consecuencias, con cierta proyección a largo plazo y unos objetivos bien definidos. Por supuesto, un jugador de ajedrez debe poseer la suficiente flexibilidad para desmontar y reestructurar su estrategia tantas veces como el contrario le obligue, asumiendo pérdidas, aprendiendo de los errores, revaluando acciones y objetivos intermedios a cada paso. Y lo que más me gusta de todo: manteniendo un código de conducta respetable. Ya lo decía William Shakespeare: «El ajedrez es un juego honrado». Durante la partida, los jugadores deben respetar un código de ética que propicia valores como el respeto, la honradez y la honorabilidad. No hay cabida para las trampas ni para la hipocresía cuando uno mueve sus fichas sobre el tablero. De la misma forma que no debería haberla cuando generas relaciones, creas vínculos y promueves un *networking* ético y honesto.

¿Por qué demonizamos la estrategia?

«Estrategia» es un término que lleva asociado, de manera injusta, una fuerte connotación negativa. Cuando decimos que alguien es un estratega, nos imaginamos a una persona que se pasa el día oculta en las sombras y urdiendo planes maquiavélicos. Asociamos la estrategia con egoísmo, frialdad, manipulación, talante calculador y falta de empatía; en el mundo empresarial, con competencia desleal y ambición desmedida por lograr objetivos a costa de cualquier tipo de honestidad.

Sin embargo, la estrategia solo es una herramienta (increíblemente poderosa, eso sí), para lograr cualquier cosa que te propongas.

Definición de ESTRATEGIA según la RAE:

1. Arte de dirigir las operaciones militares.
2. Arte, traza para dirigir un asunto.
3. (Matemáticas) En un proceso regulable, conjunto de reglas que buscan una decisión óptima en cada momento.

Dejando aparte el tema militar, si nos centramos en la segunda y la tercera definición verás que, en realidad, una estrategia no es más que un conjunto de acciones, de reglas, de medidas para obtener el mejor de todos los resultados posibles, ese que tú deseas. Y como es un arte, pues depende de una serie de habilidades que se pueden aprender, desarrollar y potenciar. Sin más.

Si eres Darth Vader y quieres usar la estrategia para conquistar el universo, no seré yo quien se meta contigo. Pero, en general, la estrategia está presente en nuestra vida de un modo mucho más humano y amable de lo que el cine o la cultura popular nos han hecho creer.

Por ejemplo, si quiero correr una maratón el año que viene, tendré que diseñar un plan de acción eficaz que abarque varios aspectos y que tenga una consistencia en el tiempo. Entrenamientos, alimentación, monitorización de mis avances, logística familiar y laboral... Todo eso formará parte de mi estrategia. Como puedes observar, ¡me habré convertido en un estratega de pantalón corto, zapatillas y que corre por la montaña los domingos por la mañana! Daré de todo menos miedo, ¿verdad?

A menor escala, si tengo una semana muy complicada con mil cosas que hacer, utilizaré la estrategia para tomar decisiones de priorización, delegación, organización y todo lo que se me ocurra para llegar sano y salvo al viernes. Insisto: todos somos muchísimo más estrategas de lo que parece, pero ni siquiera somos conscientes de ello.

Pues con tu red de contactos sucede lo mismo. En vez de ir acumulando teléfonos sin ton ni son, o presentarte a un evento como si fueras Alicia en el País de las Maravillas y te acabaras de colar por la madriguera del conejo, debes utilizar la astucia y la inteligencia para que todas tus acciones sean altamente eficaces y los resultados te acerquen de manera cada vez más exponencial a tus objetivos finales.

Aunque más adelante desarrollaremos en profundidad las herramientas estratégicas (a un nivel más práctico), déjame que te dé unos pocos *tips* a modo de adelanto. Cuando vas a un evento a hacer *networking*, es imprescindible que acudas con una estrategia clara. O, lo que es lo mismo, debes llevar los deberes hechos.

TOMA NOTA

Esto es lo que, por experiencia, te recomiendo:

- ✓ Saber qué objetivo específico tienes.
- ✓ Saber con qué persona o personas te interesa conectar y para qué.
- ✓ Tener un plan para acercarte a la persona con la que quieres conectar. ¿Quién te hará de nexo? ¿Qué intereses o contactos comunes tenéis? ¿Cómo y cuándo la abordarás? ¿Qué le ofrecerás?
- ✓ Llevar información o preguntas que demuestren tu interés por esa persona, por su empresa: cuestiones que otorguen autoridad al otro pero que también demuestren, de forma

indirecta, tu valor y tu conocimiento del medio que deseas compartir.

✓ Presentar una imagen personal pulcra, limpia y acorde con el evento al que asistas. Es clave que la primera impresión que causes en la persona a la que intentas atraer sea buena.

Ya hablaremos más extensamente de todos estos *tips* y otros muchos, no te preocupes. Más adelante te daré una guía detallada de trucos y habilidades que no has escuchado antes para afrontar estas situaciones, pero de momento basta con que entiendas que lo más seguro es que si recurres a la pura improvisación no le sacarás todo el partido que podrías a esa oportunidad.

Y quien dice un evento donde se fomenta el *networking* dice cualquier otra cosa: una boda, un cumpleaños, un taller, un congreso, una quedada de padres del colegio, etcétera.

Quizá la estrategia no te asegure la victoria, pero carecer de ella te garantiza el fracaso.

Una estrategia concreta no tiene por qué asegurarte el éxito (ni en *networking*, ni en la vida), pero te proporcionará una ruta inicial, una dirección para avanzar y un plan de acción. Eso te permitirá anticipar desafíos, identificar oportunidades y tomar decisiones informadas en cada etapa del proyecto y, por lo tanto, tendrás más posibilidades de solventar situaciones problemáticas que vayan saliendo a lo largo del camino, para llegar bien parado a la meta.

Además, una estrategia te da la posibilidad de evaluar tus errores con criterios objetivos, de corregirlos de forma sistematizada y de optimizar tu plan. Siempre será mejor una mala estrategia que ninguna. Si no quieres perder el tiempo dando palos de ciego o apagando fuegos a lo loco, más vale que lo tengas claro.

Por consiguiente, ir con estrategia por la vida no te convierte en alguien manipulador o hipócrita, y sí en una persona inteligente, eficaz, que sabe lo que quiere y que va a por ello con actitud proactiva y visión a largo plazo. Como ves, no es un concepto negativo, ¡en absoluto!

El pensamiento estratégico

Pensar de forma estratégica significa planificar y anticipar futuros acontecimientos a partir de tus acciones actuales. El pensamiento estratégico es un concepto que suena con fuerza en el mundo de los negocios y el marketing, pero que va mucho más allá. De hecho, cualquier ámbito de aplicación (personal, familiar, profesional) saldrá beneficiado cuando lo abordes desde una perspectiva estratégica, creativa y enfocada en crear sistemas para alcanzar objetivos.

¡Si es que se puede aplicar prácticamente a todo!

El pensamiento estratégico te ayuda a razonar de manera más ordenada, en términos de largo plazo y con el foco en lo que quieres lograr. Es decir, te ayuda a pensar y decidir más inteligentemente. En resumen, podemos decir que:

El pensamiento estratégico es la capacidad de trazar un plan detallado para lograr tus metas.

Así de simple. Esa es su esencia. Y si la tuviera que desglosar en cuatro puntos principales, te diría, entonces, que es la capacidad de:

- Saber dónde estás. Entender y analizar tu situación actual.
- Saber adónde quieres llegar. Tener un objetivo definido.
- Trazar la ruta más efectiva. Diseñar cómo vas a llegar a la meta.
- Estar siempre listo para ajustar esa ruta cuando sea necesario. Autoevaluar y corregir de forma constante.

Y esta capacidad, como cualquier otra, consta de diferentes habilidades y actitudes que pueden desarrollarse mediante el aprendizaje y la práctica. Son muchas, pero las principales que debes entrenar, para que tu pensamiento sea cada vez más estratégico, son:

- Flexibilidad mental. No puedes crear un plan de acción y aferrarte a él con tozudez. La estrategia te proporciona un mapa, una brújula e infinidad de recursos… Pero debes mantener la mente abierta para navegar por la incertidumbre y dar un golpe de timón cuando haga falta.
- Curiosidad. En el pensamiento estratégico es más importante hacerse preguntas que intentar encontrar las respuestas a toda costa. Una pregunta bien definida constituye la mitad del camino.
- Capacidad analítica. Tanto de la situación inicial como de cualquier escenario complejo que se vaya presentando. Es esencial saber dividir un problema en retos más pequeños, analizar sus soluciones, así como la relación entre todos.

- Proactividad. El pensamiento estratégico no puede quedarse en el mundo de las ideas, ni casa bien con una actitud pasiva. Está estrechamente relacionado con la acción y a la iniciativa. Como siempre digo, cuando haces cosas, pasan cosas.
- Habilidades de comunicación y relacionales. Resulta complicado pensar de forma estratégica en soledad. El intercambio de información con otros pensadores es indispensable para encontrar soluciones creativas.
- Pensamiento crítico. La capacidad de autoevaluar tus acciones.
- Actitud continua de aprendizaje.

El pensamiento estratégico está íntimamente ligado a la mentalidad de crecimiento, que es el siguiente concepto que vamos a tratar. ¡Estás a punto de entrar en la última fase de tu reseteo mental!

3

Mentalidad de alta posibilidad

No sabían que era imposible, así que lo hicieron.

MARK TWAIN

Llegamos por fin al tercer concepto de esta primera parte, la mentalidad de crecimiento o, como yo suelo llamarla, la mentalidad de alta posibilidad, porque es aquella que te hará ver retos y desafíos donde otros ven problemas o barreras. Y ese es el único camino para que muchas más cosas sean posibles, para que eleves tus estándares y vivas una vida mejor. No solo en la creación de tu red de contactos (ya hemos visto la importancia de este cambio de *mindset* para llegar al nivel más alto de *networking*), sino en cualquier objetivo que quieras fijarte a nivel personal, profesional o económico.

No sabía que era imposible..., hasta que lo hizo

Voy a contarte una historia real que me encanta. Trata sobre George, un estudiante de la Universidad de Berkeley en California, que llegaba tarde a su clase de estadística. El pobre chico entró en el aula, intentando no llamar mucho la atención, y se encontró con que el profesor ya había escrito dos problemas matemáticos en la pizarra y que se había perdido la explicación previa al respecto.

Agobiado, los copió como pudo en su cuaderno e intentó prestar la máxima atención el resto de la clase, que ya versó sobre otros temas. Más tarde, en su habitación, se puso a resolver los problemas. Los encontró un poco más difíciles de lo normal, pero supuso que era por haberse perdido parte de la explicación y decidió compensarlo con un extra de esfuerzo. Varios días más tarde, el profesor lo llamó a su despacho, entusiasmado.

Aquellos dos ejercicios de la pizarra eran, en realidad, dos famosos problemas de estadística que todos los expertos de la comunidad científica llevaban décadas intentando resolver. El profesor los había presentado ante los alumnos como ejemplo de retos matemáticos para los cuales aún se buscaba solución. Pero, como George había llegado tarde, se había perdido esa introducción y había creído que eran simples ejercicios de clase. Y luego, en su casa, los había afrontado como tales. Sin antes etiquetarlos en su mente como algo imposible.

Años más tarde, convertido ya en un famoso matemático, George Dantzig confesaría en una entrevista: «Si hubiera sabido que los problemas no eran deberes, sino dos famosos problemas sin resolver en estadística, probablemente nunca habría pensado en positivo. Me habría desanimado antes de empezar y nunca los habría resuelto».

Esta historia es otra vía para comprender la famosa frase de Mark Twain: «No sabían que era imposible, así que lo hicieron», y nos hace preguntarnos, sin duda, sobre la importancia que tiene la mentalidad sobre el éxito o el fracaso.

Por supuesto, George tenía inteligencia y talento. Pero, como él mismo reconoció, posiblemente no le habrían servido de mucho si su mentalidad al afrontar el reto de aquellos ejercicios no hubiera sido abierta, positiva, flexible y libre de prejuicios. Aquel feliz malentendido provocó que nuestro protagonista pudiera trabajar con la mentalidad adecuada para lograr su objetivo, con esa mentalidad de crecimiento, que es la que quiero que comiences a aplicar desde YA en tu vida.

¿Qué es eso del *mindset*?

Tu *mindset* son los cimientos de tu vida, sobre los que vas a construir tu realidad, lo que determinará si logras tus sueños o no. Por lo tanto, tu negocio, tus proyectos, tu abundancia, tu satisfacción, lo que sea, va a crecer tanto como crezca tu mentalidad.

Y no creas que estoy exagerando. Como sabes, todo lo que explico aquí es porque lo he comprobado a lo largo de mi vida y así me sigue sucediendo a diario. Hasta que no realicé mi propio cambio de mentalidad, no comencé a construir la vida que realmente quería. Y continúo haciéndolo, claro. Esto es un progreso continuo y es maravilloso.

El término *mindset* se ha hecho muy popular en los últimos años, y aunque podría traducirse hasta cierto punto por «mentalidad», presenta nuevos matices cuando se aplica en el ámbito del crecimiento personal o profesional. El *mindset* es, básicamente, el conjunto de pensamientos o creencias que determinan nuestra conducta. O, dicho de otra forma:

Tu programación mental construye tu realidad.

Seguro que ya has oído antes eso de: «¡Tienes que cambiar de *mindset*!». No es algo que me haya inventado yo. De hecho, este término fue popularizado por la psicóloga y profesora universitaria Carol S. Dweck, una de las principales investigadoras del mundo en el campo de la motivación, en su libro *Mindset, la actitud del éxito.*

En él desarrollaba su «teoría de la mentalidad», según la cual, la forma de pensar de las personas afecta a su trabajo, sus relaciones y su éxito en general. Los puntos principales serían:

- Las personas tienen dos tipos de mentalidad: fija o de crecimiento.
- Las personas con mentalidad fija creen que sus cualidades personales son inmutables.
- Las personas con mentalidad de crecimiento creen que pueden desarrollar y mejorar sus cualidades.
- Las mentalidades se pueden cambiar.

Para la autora, el mundo está dividido entre las personas que tienen una mentalidad de crecimiento (*growth mindset*) y aquellas que tienen una mentalidad fija (*fixed mindset*). Por definirlas de una manera rápida, las primeras son las personas que están abiertas al aprendizaje y se crecen ante los retos, y las segundas son las que están cerradas al aprendizaje y dejan que las dificultades externas les impongan sus límites.

Resulta importante, sin embargo, advertir que estos dos tipos de mentalidad pueden ir alternándose a lo largo de nuestra vida. Se puede pasar de una mentalidad fija a una de crecimiento mediante el entrenamiento de ciertas habilidades (¡eso sería un gran cambio de *mindset*!), pero también podemos volver de manera puntual a una mentalidad fija en circunstancias especialmente complejas, o ser de mentalidad cerrada en algunas esferas de nuestra vida y tener una mentalidad más de crecimiento en otras.

Te explico las dos mentalidades a continuación con un poco más de detalle.

Mentalidad fija *versus* mentalidad de crecimiento

Las personas con MENTALIDAD FIJA creen que sus cualidades básicas, como la inteligencia o el talento, son rasgos fijos con los que han nacido y que no se pueden desarrollar ni mejorar a lo largo del tiempo con ningún tipo de esfuerzo. Son esas personas que dicen: «Es que yo soy así». Y punto. Por lo tanto, las dificultades a las que se enfrenten en la vida solo podrán estar clasificadas en dos grupos: lo que puedo resolver y lo que no, ahora y en el futuro. Porque no dejan espacio para el aprendizaje, para gozar con los desafíos, para encontrar oportunidades de crecimiento en las dificultades. Al contrario, cualquier reto mínimamente complejo las bloqueará, por ese miedo constante a que quede «por encima de sus posibilidades». Las personas de mentalidad fija suelen exhibir este tipo de actitudes o comportamientos:

- Evitan los retos. Intentan no salir nunca de su zona de confort.
- Les preocupa lo que los demás piensen de ellos.
- Les cuesta preguntar o pedir consejo, porque no quieren pasar por tontos delante de los demás.
- Suelen ser pesimistas respecto al futuro.
- Son inseguros.
- Tienden a la procrastinación.
- Abandonan los objetivos a la menor dificultad.
- Necesitan validación constante.
- No aceptan bien las críticas.
- No llevan bien las comparaciones.

Por otro lado, las personas con MENTALIDAD DE CRECIMIENTO son las que piensan que sus habilidades siempre pueden mejorar mediante el esfuerzo y la práctica y, en consecuencia, se enfocan en sus objetivos sin excusas. «Si esto me supera, tendré que superarme», podría ser el lema de su escudo. Este tipo de mentalidad disfruta con los retos, afronta los desafíos con voluntad de aprendizaje, cree en el proceso y se siente cómoda con el binomio dificultad = oportunidad. Las personas con mentalidad de crecimiento caminan por la vida:

- Sin tanto miedo a equivocarse, porque entienden que forma parte del proceso de aprender.
- Les encanta aceptar retos y saben que para crecer hay que salir de su zona de confort.
- Aprecian las críticas constructivas. Buscan el feedback sincero de expertos para poder mejorar.
- No envidian el éxito de otras personas. Se sienten inspiradas.

- No aceptan el concepto de fracaso, lo ven como un «todavía no», como una invitación a seguir trabajando.
- Agradecen y aprovechan las enseñanzas de los errores.
- Huyen de la procrastinación. Son proactivas.
- Se mueven bien en la incertidumbre. Presentan mucha resiliencia frente a los obstáculos.

Hoy día vivimos en la era del «crecimiento tecnológico exponencial», término popularizado por Ray Kurzweil en su libro *La Singularidad está cerca*, donde explica que vivimos cambios vertiginosos en diferentes ámbitos como el social, el laboral, el cultural... Él habla de que estos cambios ya no son lineales o progresivos, sino que avanzan a saltos descomunales, lo que nos impide adaptarnos poco a poco. Hay un estudio reciente de la Universidad de Oxford que asegura que el 74 % de los trabajos van a desaparecer en quince años. No se trata de ser alarmistas, se trata de aceptar que la vida es cambio, que esto es así y que este fenómeno se está acelerando. Y que la mentalidad de crecimiento es la única que puede prepararnos para afrontar con éxito esta nueva dinámica.

Desde luego, quedarnos en la queja o la inacción no va a hacer que las cosas cambien a nuestro gusto. Puedes invertir tu energía en quejarte o en buscar soluciones.

Las mentalidades de crecimiento utilizan estrategias en vez de quejas, aguzan su ingenio ante cada dificultad y afrontan los problemas como desafíos que hay que solucionar.

Creer que todo es posible lo hace posible

Voy a contarte otra historia maravillosa que quizá hayas escuchado antes porque es bastante popular; y aunque muchos creen que fue un hecho real, te confesaré que no existe ninguna constancia (y sí bastantes dudas) de que sucediera así. De todas formas, te la voy a contar porque me encanta, y porque estoy convencido de que, si no ocurrió así en esta ocasión, debe de haber muchas otras madres en la Historia que sí hicieron algo parecido con sus hijos.

La anécdota trata sobre Thomas Alva Edison, el famoso inventor, y su madre, Nancy Elliot. Un día, el joven Edison de ocho años llegó a casa con una nota de su profesor. La madre la abrió y leyó en silencio las líneas que aparecían escritas.

—¿Qué pone, mamá? —preguntó el niño, asustado ante la cara de su madre.

—Pues dice... —la madre comenzó a leer en voz alta—: «Su hijo es un genio, esta escuela es muy pequeña para él y no tenemos buenos maestros para enseñarle. Por favor, enséñele usted en casa».

—¿En serio?

—Estoy muy orgullosa de ti y no puedo estar más de acuerdo con tu profesor. Comenzaremos hoy mismo.

Así lo hizo la buena mujer, y no debió de hacerlo tan mal si tenemos en cuenta que a los dieciséis años Edison ya había creado su primer invento, y años más tarde nos regaló la electricidad.

Tiempo después, con su madre ya fallecida y siendo él un inventor de fama mundial, Edison encontró olvidada en un cajón la antigua nota de su profesor. Al leerla no dio crédito a lo que en realidad decía: «Su hijo es un enfermo mental y no podemos permitirle que venga más a la escuela».

Su madre le había mentido. Pero fue esa mentalidad de crecimiento —unida al amor de una madre que no se dejó limitar por la mentalidad cerrada del sistema escolar, que fue creativa, proactiva, que afrontó aquel problema como un reto, que vio la oportunidad en la dificultad, y que construyó una estrategia a largo plazo— la que hizo posible que Edison creciera creyendo que era un genio...

Y en eso acabó por convertirse.

Herramienta para empezar el cambio: tu mentalidad la decides tú

Ahora quiero que te fijes en la siguiente tabla y repitas en voz alta las creencias que te hagan sentir mejor de las dos columnas. Recuerda, la mentalidad son las gafas con las que miras tu realidad. Tú decides cómo quieres ver tu vida, cómo quieres construirla.

Tú eliges en qué lado quieres estar. En el lado donde no existe techo para tus logros ni para tus estándares. O en el que nada sucede.

Recuerda: una vez que decides de forma CONSCIENTE realizar un cambio de *mindset*, ya has dado el primer e importantísimo paso. La mentalidad puede cambiarse.

Mentalidad fija	Mentalidad de crecimiento
Nacemos con cualidades fijas	Las cualidades se pueden desarrollar
Evito los retos	Me enfrento a los retos
Tengo miedo al fracaso y a equivocarme	Aprendo de los errores. El fracaso no existe, solo es un «no todavía»
Me rindo fácilmente	Persisto. Soy resiliente y constante
El esfuerzo no vale la pena	El esfuerzo es parte esencial del camino
Ignoro los feedbacks, no llevo bien las críticas	Busco los feedbacks, aprendo de las críticas
Me siento amenazado por el éxito de los demás	El éxito de los demás me inspira

¿Ya lo has decidido? Bien, pues ahora sigue leyendo, porque en el siguiente capítulo voy a regalarte nueve *hacks* poderosos que fueron la chispa que me provocó ese clic mental y poder tener una mentalidad de crecimiento trabajada, abundancia y alta posibilidad.

Vamos a ello.

4

Nueve *hacks* para un cambio de *mindset*

Si pudiera hablar con el Nacho del pasado, le rogaría, o más bien le exigiría, que pusiera en práctica estos nueve trucos antes de lo que lo hizo, mucho antes, ya que fueron clave en mi cambio de mentalidad y, por lo tanto, en el logro de diferentes hitos personales, profesionales y económicos. Son nueve formas de pensar y de vivir que me han llevado a generar más impacto en los demás, a aportar más valor a mi entorno, a conectarme con gente muy interesante, a progresar personal, profesional y económicamente y, sobre todo, a sentirme útil y satisfecho con la vida que llevo.

Van a ser igual de potentes para ti. Estoy convencido.

1. Sé un fabricante de juguetes, no un jugador de juegos

El concepto «fabricante de juguetes» se lo escuché al empresario e inversor Naval Ravikant en una entrevista. Se me quedó grabado y me marcó profundamente. Se trata de una metáfora poderosa para entender cómo hay que abordar la innovación, la creatividad y el liderazgo en los negocios y en la vida. La idea central viene a decir que en vez de participar en sistemas que ya están establecidos, deberíamos aspirar a crear nuestros propios sistemas, nuestras propias reglas del juego.

Esto significa ser un pionero, un innovador, un creador de tendencias, en lugar de limitarse a emular a otros. Puedo decir con orgullo que he seguido ese consejo al pie de la letra y que jamás me he arrepentido. Desde hace años, me he dedicado a crear mi propio universo de servicios, formaciones, identidad de marca, lenguaje corporativo, etcétera; todo ello con contenidos disruptivos y visionarios que tienen mi sello único e intransferible. Y no me ha ido nada mal. Ser un fabricante de juguetes te ofrece múltiples beneficios:

- Te posiciona por encima del resto. Eres creador de tendencias y eso te coloca en una posición de liderazgo en tu campo, permitiéndote influir en cómo evolucionan las cosas.
- Te proporciona control y autonomía. Pone en tus manos las riendas de tu destino. No estás tan sujeto a las reglas y limitaciones de los sistemas existentes, lo que te posibilita operar con mayor libertad.
- Te diferencia de la competencia. Te da una ventaja significativa en el mercado, ya que ofreces algo único que no se puede encontrar fácilmente en otro lugar.
- Te posibilita atraer talento y recursos. La gente quiere trabajar en proyectos emocionantes, visionarios y con potencial de crecimiento.
- Potencia tu desarrollo personal y profesional. El proceso de crear algo nuevo desafía y desarrolla tus habilidades y capacidades. Es una oportunidad de crecimiento.
- Te permite dejar un legado y una contribución duradera.

> Cuando creas nuevos sistemas, tus contribuciones pueden influir en generaciones futuras y cambiar el modo en que las personas viven o trabajan.

Esta mentalidad innovadora también te permite capitalizar las oportunidades de una manera que otros no pueden, porque estás creando esas oportunidades en lugar de limitarte a responder a ellas. Al hacerlo, te posicionas no como un jugador en el campo sin más, sino como alguien que redefine el campo mismo.

2. Rodéate de gente que te posibilite desarrollar nuevas oportunidades

Empaparte de nuevas influencias y perspectivas lo más variadas posible te resultará de gran ayuda en ese cambio de mentalidad. Si tienes una red de contactos heterogénea, rica en líneas de enseñanza y experiencias diversas, sin duda tu mente aprenderá a pensar de un modo diferente. Una red generadora de ideas disruptivas alimentará de forma constante esa mentalidad de abundancia que debe sustentar el éxito de cualquier proyecto.

Rodearte de la gente adecuada te ayuda a pensar mejor. Y pensar mejor te ayuda a rodearte de la gente adecuada.

Hablando de disrupción, siempre digo que para ser un poco disruptivo hay que abrazar el concepto de INTERSECCIÓN DE CAMPOS, que no es otra cosa que conectar dos áreas o sectores que *a priori* no tienen nada que ver, pero que, al mezclarlos, resultan en algo que te puede dar un gran valor diferencial. Por eso es tan importante que tu red sea lo más heterogénea posible y te permita esa riqueza de visiones diferentes.

¿CÓMO LO HICE YO? Por ejemplo, yo mismo jugué esa carta con el eneagrama y el dinero en mi libro *Dinerograma*. Nunca nadie había mezclado esos dos conceptos. Llevaba mucho tiempo estudiando el eneagrama, una herramienta me había ayudado muchísimo tanto en el plano personal como en mi carrera profesional. Cuando se me ocurrió aplicarla al mundo de las finanzas personales para analizar la forma en la que los individuos nos relacionamos con el dinero en función de nuestro tipo de personalidad, supe que esa intersección de ideas me daría un producto ganador. Porque se trataba de un concepto nuevo que crearía un gran impacto en los demás, ayudaría a muchas personas y me diferenciaría de la competencia.

Y así fue, como ha demostrado su gran acogida entre el público, siendo el libro más vendido de España de todos los sectores, con varias ediciones hasta la fecha y las buenas críticas de la prensa. No puedo estar más feliz.

También me gustaría aclarar una cosa. No creo, ni hace falta, que todo el mundo tenga que ser disruptivo, ni que debas serlo el cien por cien de tu tiempo, aunque lo lleves en el ADN. Pero una mentalidad de crecimiento y un *networking* exponencial te ofrecerán la posibilidad de generar esas oportunidades únicas que, de otro modo, nunca estarían a tu alcance.

Más adelante veremos cómo realizar paso a paso tu plan de acción para crear esa red de contactos desde esa mentalidad. De momento, ten claro que cuanta más abierto estés a trabajar esa mentalidad de crecimiento y más se expandan tus núcleos de influencia, más oportunidades tendrás de conseguir los resultados que deseas.

3. No rentabilices tu tiempo, rentabiliza tu juicio

Este concepto implica un poderoso cambio de paradigma en cómo percibimos el valor de nuestro trabajo y, desde luego, ratificó mi camino como emprendedor y los modelos de negocio que he creado durante los últimos años.

Tradicionalmente, muchos oficios y carreras se basan en el modelo de intercambio de tiempo por dinero. Sin embargo, la forma más efectiva y potencialmente más lucrativa de generar ingresos es a través de la capitalización de tu juicio, es decir, tus decisiones, conocimientos y experiencia.

Enfocándote de esta manera, te posicionas como un experto y un pensador, no solo como un trabajador. Esto te coloca en una categoría diferente en el mercado. Los demás te ven como una autoridad en tu campo, eleva tu estatus y tu credibilidad, y te proporciona mayor poder de negociación. Al ofrecer algo único y valioso, atraerás más oportunidades de alto nivel y podrás acceder a proyectos más interesantes.

Veamos las ventajas de rentabilizar tu juicio *versus* las limitaciones de vender tu tiempo:

- Escalabilidad: Mientras que el tiempo es un recurso limitado (solo tienes veinticuatro horas al día), tu juicio y tu conocimiento pueden ser escalados. Por ejemplo, escribir un libro, crear un curso en línea o desarrollar un software son maneras de vender tu conocimiento que no están limitadas por las horas que trabajas.
- Mayor potencial de ingresos: Al rentabilizar tu juicio, no estás limitado por las tarifas horarias o los salarios estándar. Existe un límite en cuánto puedes ganar por hora

o por año, basado en las tarifas del mercado y las horas que puedes trabajar. Sin embargo, el valor de tu conocimiento y tu experiencia no tiene techo de ingresos, sobre todo si estás especializado y hay demanda para lo que ofreces.

- Independencia y flexibilidad: Si tu trabajo depende de vender tu tiempo, puedes ser más vulnerable a los cambios en la economía o en tu industria, ya que tus ingresos están vinculados de un modo directo a tu capacidad para trabajar. Además, depender de un horario limita tus opciones de emprender otros proyectos o intereses personales.
- Diferenciación y exclusividad: Tu juicio y tu conocimiento son únicos. Al capitalizarlos, te diferencias en el mercado, ofreciendo algo que no todos pueden proveer.
- Construcción de un legado: Igual que al ser un fabricante de juguetes, tus conocimientos pueden tener un impacto duradero, más allá de las horas que trabajas. Por ejemplo, un libro, una canción o un pódcast pueden seguir proporcionando valor a la gente mucho después de haber sido creados.

Pasar de vender tu tiempo a rentabilizar tu juicio o conocimientos va a generar el potencial de aumentar tus ingresos, pero también de lograr una mayor satisfacción y realización profesional, ya que estás capitalizando lo que sabes y entiendes, no solo lo que haces.

Gana por lo que sabes, no por el tiempo que inviertes.

La clave está en identificar lo que te hace único y valioso, y luego encontrar formas de compartir ese valor con otros de una manera que no esté directamente ligada a las horas que trabajas. Como puedes imaginar, nada de esto será posible si lo haces desde una mentalidad fija, que se asuste de los retos, se aferre a la zona de confort y no confíe en el proceso de aprendizaje. Necesitas ese cambio de *mindset*.

La mentalidad son las gafas con las que miras la vida, son los cristales que filtran tus posibilidades y limitaciones. Al cambiar de gafas, al cambiar tu mentalidad, te abres a nuevas perspectivas y opciones de mayor valor.

Tus pensamientos son semillas.
Tu realidad, lo que cosechas.

Y vuelvo a insistirte: para apoyar ese cambio de *mindset*, necesitarás rodearte de personas que estén donde a ti te gustaría estar, que te muestren otras realidades diferentes a las tuyas. Y que te impulsen a vivir mejor.

4. Eleva tus estándares de vida

Fue mi red de contactos, el rodearme de personas exitosas con modelos de vida que admiraba, la que me motivó a eso mismo: a operar desde otros ángulos y elevar mis estándares, a desnormalizar la mediocridad y buscar la vida que creía merecer.

Elevar tus estándares de vida y rechazar la mediocridad conlleva varios beneficios clave que pueden conducirte a una vida más plena y exitosa.

He aquí una herramienta muy sencilla y que a mí me resulta muy eficaz: te dejo aquí algunas frases que tal vez quieras hacer tuyas (también puedes buscar otras similares que te inspiren), para repetírtelas siempre que lo necesites, o incluso dejarlas escritas en sitios que veas varias veces al día:

- «Comer en restaurantes no es un lujo, es mi normalidad».
- «Tener tiempo para mí mismo y para la familia es lo que me merezco».
- «Cuidar mi salud y mi aspecto va conmigo».
- «Poseer objetos de marca está a mi alcance».

Establecer estándares altos te empuja a desafiarte a ti mismo, lo que resulta en un crecimiento personal y profesional continuo. Es un poderosísimo ejercicio de mentalidad de éxito que no solo mejora tu calidad de vida, sino que también te coloca en el camino hacia una mayor abundancia y realización.

5. No seas *influencer*, vuélvete influyente

La diferencia radica en la sustancia y el impacto. Conozco a muchísimas personas con cientos de miles de seguidores (incluso millones) que no son capaces de llegar a final de mes con un salario digno. Ser *influencer* a menudo se asocia con cierta popularidad superficial, muchos *likes* en las redes sociales, pero ya sabemos que estos no pagan las facturas. Convertirte en una figura influyente y relevante implica generar un impacto significativo y duradero en tu entorno, lo que repercute, además, en el dinero te llega. Te vuelves relevante.

Hablaremos largo y tendido sobre las habilidades de influencia y la marca personal en la segunda parte del libro, pero ya te adelanto aquí que trabajar tu marca personal supone realizar un profundo ejercicio de autoconocimiento, de desarrollar habilidades concretas y plasmar acciones estratégicas que impulsarán y te acompañarán en tu camino hacia ser una persona magnética, influyente y relevante.

Una marca personal sólida y respetada te establece como una autoridad en tu campo y te convierte en un imán que atrae contactos de valor y genera vínculos de gran impacto. Aquí estás cultivando un capital relacional que te pagará grandes dividendos.

6. Pensar (y actuar) a largo plazo, caballo ganador

Jugar a largo plazo es una filosofía en la que reina la importancia de pensar y actuar con perspectiva y visión de futuro, con estrategia, y se contrapone a la búsqueda de la gratificación instantánea. En lugar de optar por recompensas rápidas y efímeras, te enfocas en los resultados a varios años vista, con un pie en el presente y otro en el futuro. Como el CEO de tu propia vida. Esto te dará una ventaja significativa frente a los cortoplacistas. Créeme. Este cambio de mentalidad fue para mí uno de los más poderosos.

A la hora de crear tu red de contactos, nunca debes buscar el beneficio inmediato.

Te dejo aquí una frase popular que mi querida amiga Vilma Núñez cita a menudo. Por si no la conoces, es una de las mayores referentes en marketing y negocios digitales del mundo de habla hispana. Su recorrido y su manera de pensar y operar inspiran e impulsan a miles de personas alrededor del mundo.

**El día que plantas la semilla
no es el día que te comes el fruto.**

Y es que las acciones estratégicas no se enfocan en resultados instantáneos. De hecho, a mí me gusta siempre hablar del concepto CALMA ESTRATÉGICA. Cuando cultivo relaciones y creo vínculos de alto impacto, no lo hago para obtener el beneficio en ese momento. Lo que estoy haciendo es construir puentes o autopistas que algún día utilizaré. No sé, y a veces ni siquiera importa, cuándo.

Si son vínculos fuertes que cuido y alimento con generosidad, estarán ahí cuando los necesite. Lo que no puedo pretender es construir ese puente en el momento en el que necesito de ese contacto. No funciona así. Ese trabajo ya se tenía que haber hecho antes. Con visión de futuro. Y debes mantenerlo vivo y operativo a lo largo del tiempo. Con calma premeditada y espera calculada.

Centrarse en objetivos a largo plazo tiene múltiples beneficios:

- Lleva a decisiones más sostenibles y estables.
- Las relaciones construidas para durar son, por lo general, más fructíferas y menos volátiles.
- Al adoptar una mentalidad de largo plazo, aumentas tus posibilidades de alcanzar objetivos ambiciosos que requieren una planificación y ejecución prolongadas.
- Te prepara para afrontar y superar obstáculos. Al no buscar resultados inmediatos, puedes mantener la calma y la

perspectiva incluso cuando las cosas no van según lo planeado.

Una mentalidad de largo plazo es una palanca básica en la estrategia de aquellos que buscan construir un futuro sólido, robusto y significativo, en lugar de simplemente disfrutar del éxito efímero.

7. Todo es relativo, no hay fórmulas mágicas

Estoy agotado del constante bombardeo de fórmulas «mágicas» e «infalibles» que vemos cada día en las redes sociales y medios de comunicación. Aunque te digo una cosa: si hay tantísimos «vendehúmos» es porque todavía hay más «comprahúmos».

Pero ese es otro tema, y muy polémico, en el que ahora no me voy a meter. Sin embargo, lo que sí voy a proponerte es que adoptes un enfoque crítico hacia cualquier aprendizaje o conocimiento que te dispongas a aplicar. Debes entender que los consejos, estrategias y «soluciones» que encontramos, en especial en libros, artículos y seminarios, están influenciados por las circunstancias y experiencias únicas de sus autores.

¡Incluso los que encontrarás en este libro, por supuesto! Ya sabes, no me libro de mi propio sesgo, por eso te invito a cuestionarte hasta las cosas que a mí me han funcionado. ¡Cada uno tiene su realidad, sus circunstancias y sus recursos!

No existe una receta para el éxito o la felicidad que funcione para todos.

Lo que funciona para una persona en un contexto puede no ser efectivo para otra persona, o en otro contexto. Entender que no hay fórmulas mágicas te ayudará a personalizar los consejos y orientaciones externas, para que se alineen con tus objetivos, recursos y circunstancias únicas.

Si eres consciente de que no todas las estrategias pueden aplicarse de manera universal, te proteges contra la decepción y el fracaso de seguir a ciegas un «método probado» que no se ajusta a tu realidad. Soy un gran defensor de la actitud de prueba. O, como diría un amigo, de trabajar con un prototipo. Es lo que hacen las grandes tecnológicas (Amazon, Facebook...) antes de implementar cualquier solución. En vez de desarrollar directamente el software para un proyecto, primero prueban un prototipo que irán reformulando las veces que sea necesario hasta encontrar el modelo definitivo de máxima eficacia.

Es lo que hice yo, por ejemplo, para implementar el ejercicio (casi) a diario en mi vida como un hábito constante. Fui probando diferentes fórmulas de actividades y horarios hasta que di con la combinación perfecta para mí.

¿De qué serviría que te dijera que tienes que ir al gimnasio a las seis de la mañana porque así haces ejercicio en ayunas, luego vuelves a casa a desayunar con una energía espectacular, disfrutas de esas primeras horas del día con tu familia, y más tarde te vas a trabajar a la oficina con una sensación de que puedes con todo lo que se te presente? Eso es lo que me pasa A MÍ. Pero quizá a ti te hundiría en un pozo de desesperación, o con tus circunstancias laborales, familiares o económicas es imposible. Yo te lo propongo. Y tú puedes probarlo. Pero, en caso de que te cuadre, hazlo sin complejos, sin obligaciones, y valora los resultados con pensamiento crítico.

En cualquier decisión que tomes, debes estar preparado para ir reformulando tus prototipos. Dales un tiempo prudencial (ojo, no se trata de ser inconstante o de rendirte a la primera dificultad), pero si no te funcionan… ¡fuera! No pierdas más el tiempo. Usa tu sentido común. Y quédate solo con aquello que te sirva para progresar.

Esta mentalidad crítica te animará a:

- Confiar en tu juicio y tomar decisiones basadas en tu comprensión y análisis.
- Depender de tu propia experiencia, en lugar de la autoridad ajena.
- Convertirte en el arquitecto de tu vida, en vez de seguir rutas predefinidas por otros.
- Mantenerte en un estado de crecimiento constante.

La mentalidad crítica te posiciona como un individuo autónomo y reflexivo, capaz de navegar en un mundo lleno de gurús cantamañanas y consejos contradictorios

Pero, ¡cuidado!, pensar que «todo es relativo» no significa rechazar cualquier orientación o recomendación externa. Beber agua es necesario, y protegerse del sol, también. Se trata de filtrar, adaptar y aplicar lo que aprendes de una manera que tenga sentido para ti y para tus recursos y circunstancias únicas.

8. Cuando haces cosas, pasan cosas

Esta es una de las leyes de vida más grandes que existen: la importancia de la acción es esencial. Pasar a la acción es uno de mis valores principales y el motivo por el que siempre he encontrado experiencias enriquecedoras y oportunidades únicas a lo largo de mi vida.

Y tú también lo verás. Cuando te pongas en marcha, cuando lleves a cabo tu plan de acción, se te irá abriendo un abanico de oportunidades. Diferentes caminos inesperados se van a abrir paso y, como consecuencia, el crecimiento personal y profesional será inevitable.

Sin embargo, aunque las ventajas puede que ya las tengas muy claras, quizá no eres consciente de lo peligroso que es quedarse quieto. Esperar pasivamente a que las oportunidades llamen a tu puerta no es neutro, es malo.

No hay beneficio en la procrastinación.

Y no solo eso. No es que no vayas a obtener beneficio, o que este vaya a ser menor que si tienes una mentalidad proactiva. No te quedarás como estás, no, te quedarás peor. La inacción no supone tan solo la ausencia de ganancias. La inacción es pérdida. Es realmente peligrosa porque afecta de forma muy profunda a tus posibilidades futuras, a tu calidad de vida, a tu satisfacción personal. A tu felicidad. ¿Cuál es el coste real de la inacción?

- Pérdida de oportunidades: Al no tomar iniciativas perderás oportunidades valiosas que podrían haber mejorado tu calidad de vida. Y ese arrepentimiento siempre te acompañará.
- Estancamiento en el desarrollo personal y profesional: Si evitas continuamente desafíos o nuevas experiencias, tus habilidades quedarán muy pronto obsoletas. Perderán

valor en el mercado. Y ya no podrás rentabilizar tu juicio, solo podrás vender tu tiempo.

- Deterioro de la competitividad: Las empresas o emprendedores que no innovan tienden a quedarse atrás frente a sus competidores más audaces y adaptativos.
- Aumento del miedo y la ansiedad: Paradójicamente, si evitas siempre los riesgos para no afrontar el miedo, solo conseguirás aumentar la ansiedad y el temor a lo desconocido. Este ciclo de evitación reforzará tu mentalidad de miedo, y cada vez estarás más paralizado. Cada vez estarás peor.
- Impacto en la salud mental: La inacción prolongada y la incapacidad para afrontar desafíos pueden llevar a sentimientos de insatisfacción, baja autoestima y depresión.
- Dependencia de las circunstancias externas: Si esperas de manera pasiva a que sucedan las cosas, estarás dependiendo de las circunstancias externas. Las decisiones de los demás serán las que definan la dirección de tu vida y tus resultados. Serás una hoja al viento. Con muy poco o ningún control sobre tu destino.

Una idea básica, pero no menos efectiva, que comento en todas mis formaciones es que no podemos controlar los tiempos y las acciones de los demás, pero sí los nuestros. No controlamos cómo nos responderán los contactos que estamos intentando crear, o cómo funcionará nuestra estrategia, eso es cierto, pero sí podemos controlar el diseño de esa estrategia, los tiempos que dedicamos a estos vínculos, la autoevaluación y la reformulación de nuestros planes.

Y esa sensación de control es maravillosa, sientes que estás en marcha, que tienes las riendas de tu destino, que estás creando, progresando, aprendiendo, creciendo.

Y pasan cosas. Te aseguro que sí.

A lo mejor no cuando creías, o no las que pensabas. A veces mejores. En infinidad de ocasiones me han surgido planes, experiencias y oportunidades que ni siquiera me planteaba, porque no entraban en mi mapa mental. O incluso, en la otra cara de la moneda, aparecen dificultades con las que no contabas, pero que te dan la clave para que, un poco más adelante, suceda eso que tanto deseabas.

No conozco ni a una sola persona a la que el éxito duradero y la satisfacción vital hayan ido a llamarle a la puerta. Estoy convencido de que, en la mayoría de los casos, no puede salir nada bueno de la inacción.

9. Encuentra tu *BIG WHY*

Encuentra tu GRAN PORQUÉ. Esa razón poderosa y motivadora que te impulse a decidir de forma consciente que quieres cambiar de mentalidad. Puede ser cualquier cosa, para cada uno funcionará algo diferente. Dependerá de tus objetivos y de tus circunstancias únicas.

A lo mejor eres un alto ejecutivo que solo piensa en trabajar, que no disfruta de su vida ni de su familia, que anhela encontrar ese equilibrio entre la pasión, el éxito y la satisfacción vital. En ese caso puede que te ponga en acción imaginar a tu hijo pequeño de mayor y la nula relación que tendrás con él. O a lo mejor eres un emprendedor que sueña con dejar un legado que mejore el mundo, algo por lo que ser recordado. O quizá solo quieres una jubilación tranquila leyendo y disfrutando en la playa.

Simon Sinek, autor y motivador inglés, creador del concepto de «El círculo dorado», tiene muy claro que los grandes líderes como Martin Luther King, Steve Jobs, etcétera, han ejercido tanto impacto sobre los demás porque conocían su PORQUÉ, es decir, su propósito. Y está claro que cuando podemos conectar con el propósito de una empresa es mucho más fácil que nos convirtamos en sus clientes.

> La gente no compra lo que haces, compra por qué lo haces. Y lo que haces simplemente demuestra lo que crees.
>
> SIMON SINEK

Sea cual sea tu *Big Why*, localízalo. Y utilízalo como llave para que tu mente haga ese clic, el que te impulse a ese cambio de *mindset* para luego poder hacer realidad esa visión de vida que tienes. Esto va de conocerte a ti mismo, ya lo sabes. Va de encontrar tu propia definición de éxito personal y profesional, sea la que sea.

Primer paso concluido...

Los puntos de tu red para construir tus cimientos

- ✓ Nuestra felicidad, salud y bienestar dependen directamente de la calidad de nuestras relaciones interpersonales.
- ✓ Somos seres sociales. La soledad mata, destruye.
- ✓ Nuestro destino está en nuestra red de contactos. Nadie ha alcanzado el éxito en solitario.
- ✓ Todas las personas tienen un valor operativo en nuestra vida. El capital relacional no consiste en tener muchos amigos ni mucho dinero, sino en una red de personas que nos transfiere valor y nos acerca a nuestros objetivos.
- ✓ Las relaciones interesadas no están reñidas con el amor y la generosidad.
- ✓ En las relaciones estratégicas nadie se puede sentir engañado o utilizado. Están basadas en la transparencia, le reciprocidad, la colaboración y el beneficio mutuo.
- ✓ La estrategia tiene una connotación negativa que es preciso desterrar a la hora de establecer relaciones.
- ✓ El *networking*, bien entendido, es la habilidad de crear, mantener y expandir nuestra red de contactos, generando vínculos de confianza y resultados significativos.
- ✓ El *networking* no es solo para emprendedores o empresarios de alto nivel.
- ✓ El pensamiento estratégico te ayuda a saber dónde estás, adónde quieres llegar, cómo trazar la ruta más efectiva y como evaluar futuros ajustes.
- ✓ Una mentalidad de crecimiento te permite elevar tus estándares, asumir los problemas como desafíos y alcanzar un *networking* exponencial.

SEGUNDO PASO

Eleva tu marca

Hablemos de

MARCA PERSONAL, INFLUENCIA Y MAGNETISMO

Para lograr el éxito en cualquiera de los proyectos que te propongas, debes colocarte en el radar de las personas adecuadas, ya sean mentores, socios, inversores, clientes, proveedores... Debes abandonar la invisibilidad para llamar su atención y convertirte en una persona magnética. Tienes que lograr que quieran estar contigo, conseguir tu producto o servicio, ser tu contacto, construir sinergias, formar parte de tus núcleos de influencia.

Si quieres conectar con esas personas que pueden catapultarte y ayudarte a lograr tus objetivos, tendrás que acceder a los escenarios donde estas se encuentran, ya sean virtuales o presenciales, y romper esas barreras que el *networking* ofrece de manera natural (y que te explicaré en la tercera parte del libro, cuando hablemos de tu plan de acción).

Y el único modo de abandonar esa invisibilidad y ganar todo ese magnetismo es edificando una marca personal bien posicionada que transmita confianza y autoridad, que te convierta en una persona con poder de influencia y persuasión, capaz de causar impacto y generar valor en los demás.

Y el primer paso para crear esa marca personal es el autoconocimiento. No menosprecies esta parte, porque es clave para crear una marca coherente y alineada con quién eres. Te voy a explicar por qué.

Para hacerte visible, primero tienes que verte a ti mismo con toda claridad.

En esta segunda parte del libro, te explicaré no solo la importancia de descubrir quién eres y qué vida quieres vivir, sino cómo lo he hecho yo (porque me ha funcionado, claro). Te contaré cómo construir a partir de todo ese autoconocimiento una marca personal que hable de ti, de tus valores, tus pasiones, tus intereses. Y veremos también las principales habilidades de influencia, relevancia y comunicación que deberás trabajar para que las personas conecten contigo a un nivel mucho más profundo, con vínculos genuinos, de esos que hacen crecer a ambas partes. Porque en los negocios siempre salen a la luz la personalidad, los valores y la energía de las personas que los llevan a cabo.

Y las personas quieren hacer negocios con personas.

5

Cómo crear una marca personal magnética

> Tu reputación es una conversación constante que sucede cuando no estás en la sala.
>
> NACHO MÜHLENBERG

Ahora que ya has tomado conciencia del inmenso valor de las relaciones, has roto los mitos y prejuicios que pudieras tener sobre la estrategia, y estás enfocado en ese cambio de *mindset* que te lleve hacia una mentalidad de alta oportunidad, estás preparado para avanzar al segundo paso y convertirte en una persona magnética y con autoridad, una persona capaz de provocar un profundo impacto en los demás, de influir en sus decisiones, de romper las barreras que impiden un *networking* eficaz y conseguir que quieran escucharte, estar a tu lado, abrir sus agendas para ti.

Y, para todo ello, es indispensable que comencemos a hablar de la influencia con tu marca personal.

¿Qué es la marca personal?

Habrás oído este término otras veces, en ocasiones ligado al *personal branding*, aunque es importante que no los confundas, porque no son exactamente lo mismo. A grandes rasgos, podemos decir que:

- **Marca personal** es la imagen, la percepción que proyectamos en los demás como profesionales, creada de forma consciente y estratégica.
- ***Personal branding*** es el conjunto de estrategias y acciones destinadas a posicionar y monetizar nuestra marca personal en el mercado.

Hace poco escuché una definición de marca personal en un pódcast, de boca de David Marchante, CEO del grupo empresarial Power Explosive (y una bestia de los negocios online), que me encantó: «Para mí, la marca personal es ganarte el derecho a que te escuchen». Y es cierto. Las personas que desarrollan el carisma, la presencia, la autoridad y la admiración suficientes para que los demás quieran estar cerca de ellas son las que tienen la capacidad de influir en las decisiones ajenas, en la opinión pública, de causar impacto en su comunidad y de generar mayores y mejores oportunidades profesionales y económicas.

Tanto la creación de la marca personal como el conjunto de estrategias para comunicarla y posicionarla son acciones estrechamente relacionadas con el mundo empresarial, pero, ojo, también con la filosofía, la psicología y el coaching. Por eso era tan importante para mí dedicar la primera parte del libro a trabajar algunos conceptos desde una perspectiva más cercana al desarrollo personal, para que tu mentalidad esté totalmente alineada con el trabajo que tenemos por delante, y que se acerca al *networking* puro y duro.

Y ahora sí, ¡comencemos!

¿Por qué necesito una marca personal?

Hasta hace algunas décadas, los compradores tomaban sus decisiones en función de las características del producto o del servicio ofrecido. Estos eran los verdaderos protagonistas de las campañas publicitarias. El consumidor valoraba las cualidades, el precio, la utilidad, etcétera, del producto o servicio, y decidía si compraba o no.

Sin embargo, la irrupción del mundo digital lo cambió todo, ya que puso a las personas en el centro de las marcas. La llegada de internet y de los negocios digitales hizo que los consumidores tuvieran, de repente, un abanico enorme de opciones de compra a un solo clic. Y las marcas enseguida se dieron cuenta de que la forma más eficaz de diferenciarse del resto era apelar a las «emociones» del comprador, a su empatía. La estrategia entonces pasó a consistir en buscar una conexión más profunda con el cliente, más emotiva, basada en la confianza personal. Y, claro, las personas se emocionan, empatizan y conectan con... personas.

En la era digital, saber QUIÉN se halla detrás de un producto o servicio se ha convertido para el consumidor en un elemento que influye directamente en su elección final.

El QUIÉN importa tanto como el QUÉ en la decisión de compra.

Por eso, si quieres vender tu producto o servicio, debes construir, trabajar y expandir tu marca personal, que se vea a la persona que hay detrás. Una marca que proyecte una imagen atractiva que te diferencie del resto, que genere confianza y ganas de escucharte, que motive a consumir lo que propones porque lo dices TÚ. Porque los clientes conectan con tus pasiones, empatizan con tus valores y confían en ti. Las personas hacen negocios con personas.

Y esto te interesa aunque no seas un emprendedor. Sea cual sea tu categoría profesional, aunque trabajes por cuenta ajena, una marca personal te ayudará siempre a ser mejor considerado y a acceder a mejores oportunidades.

Tu marca personal conecta con los demás

Cuando trabajas tu marca personal y das visibilidad a tus gustos, tus valores y tus pasiones, las personas logran conectar con todo eso de una forma mucho más intensa que si te limitas a promocionar tus productos o servicios. Esto ya nos ha quedado claro. Es bastante obvio, por lo tanto, que para realizar nuevos contactos resulte más que imprescindible trabajar tu marca personal.

Al crear una red de contactos, no debes olvidar que tú eres un imán para los demás, incluso «el producto».

Cuando estás construyendo relaciones, tu marca personal es tu mejor tarjeta de visita. Es el *curriculum vitae* del siglo XXI. Es tu palanca para abrir las puertas más resistentes, tu escalera para acceder a esferas más altas, que te traerán una mejor vida.

También es la primera cosa que deberías valorar en los demás para saber cómo pueden encajar en tu red de contactos.

Y esta no es una actitud superficial. No estás juzgando a las personas por aspectos intrascendentes. Como veremos en este mismo capítulo, la marca personal es el reflejo de un largo y cuidado proceso de autoconocimiento, estrategia y esfuerzo. Cuando alguien logra una buena marca personal, dice mucho de su mentalidad y su capacidad de compromiso. Por eso, cuando estás haciendo *networking* estratégico, no puedes pasar por alto este elemento.

Es tan sencillo como entender los riesgos de recomendar a todo el mundo sin ningún tipo de criterio. ¿Sabes lo que está en juego cuando conectas a personas? Tu reputación.

¿CÓMO LO HAGO YO? Vinculándome, siempre, a personas competentes, responsables y que, de alguna manera, me representen. Te lo explico con un caso.

El otro día me presentaron a un chef muy conocido en España, un crack que tiene varias estrellas Michelin y con quien conecté estupendamente, hasta el punto de que nos dimos los móviles para cualquier cosa que necesitemos. Días después, en otro evento, me encontré con un viejo conocido, Carlos, que tiene una empresa de catering. Apenas llevábamos cinco minutos hablando cuando me pidió que le hiciera de enlace con ese chef porque lo había visto en las redes sociales.

«Ay, Nacho, me iría tan bien ese contacto... —me dijo Carlos—. Llevo tiempo dándole vueltas a una colaboración con algún chef de renombre, pero es superdifícil acceder a ellos. No contestan a los mails, no me responden por Instagram, si llamo a su restaurante no se ponen... Entiendo que esa gente está a otro nivel y ocupadísimos, pero ¡me da pereza gastarme una pasta en ir a comer a uno de sus restaurantes para lograr que me escuchen! Si pudiera llamarle de tu parte...».

Con toda la educación de la que fui capaz, le expliqué que mi relación con el chef era demasiado reciente, que no tenía la confianza suficiente y que no podía asegurarle nada. Aunque lo disimuló, sé que se llevó una decepción.

Pero tenemos que ser astutos con nuestra agenda, ya que es un activo de máxima importancia en nuestra vida y reputación de marca. Y la razón principal por la que no me sentía cómodo propiciando ese vínculo era porque Carlos no me representaba al cien por cien. No me sentía alineado con sus valores profesionales, con su forma de trabajar, con sus estándares de calidad y, mucho menos, con su filosofía para hacer ciertos contactos. La frase: «¡Me da pereza gastarme una pasta en ir a comer a uno de sus restaurantes para lograr que me escuchen!» no se alinea para nada con mi manera de entender las relaciones. ¡Ir a su restaurante y generar esa opcionalidad era precisamente una de las primeras cosas que tendría que hacer!

Que conste que no quiero que nada en esta valoración hacia mi conocido parezca despectivo, porque no lo es. Se trata de una bellísima persona con la que ha sido un placer charlar en las comisiones en las que hemos coincidido. Pero ese vínculo le debe llegar por otra vía, no a través de mí.

Siempre que pases un contacto, que propicies un vínculo entre dos personas, debes preguntarte si estás aportando valor a esas dos personas, si tu marca personal sale fortalecida, o si, por el contrario, puede ser contraproducente en algún sentido.

Por eso es tan importante que trabajes tu autoridad de marca: para convertirte en una persona interesante, susceptible de pasar un contacto a un pez gordo, y que ese pez gordo no tenga reparos en abrir su agenda para ti.

Debes ser esa persona a quien el otro siempre quiera dar su contacto.

Ahora bien, no me gustaría que te quedaras con la impresión de que basta con fabricar un «envoltorio bonito» o una «apariencia exitosa» para vender más o relacionarte mejor. De hecho, todo lo contrario: no debes caer nunca en la creación de un personaje. Cuanto más haya de inventado, menos auténtica será tu marca. Recuerda que la estás creando para mostrar al mundo quién eres realmente: tus pasiones, lo que te gusta, tus habilidades, tus capacidades, tus objetivos, tus sueños, el valor que puedes aportar a los demás... Tu marca personal debe estar construida desde la autenticidad, o los demás nunca llegarán a conectar de verdad contigo.

Vale, es cierto que el propósito de tu marca es que resultes más interesante y magnético para que los demás quieran hacer *networking* contigo. Y, por eso, deberás utilizar toneladas tanto de autenticidad como de estrategia y dejar poca cosa al azar a la hora de crearla y posicionarla. Obviamente, tu marca personal debe estar enfocada hacia tus objetivos profesionales. Eso es indiscutible.

Ahora bien, ¿debes hacer todo esto de forma honesta? ¡Siempre! Eso no admite discusión alguna.

Una marca personal hecha desde la falsedad y guiada por el egocentrismo tiene las patas muy cortas. Es puro postureo y huele desde lejos. Puede que consigas algunos contactos efímeros y superficiales si intentas ir de lo que no eres, pero nunca crearás vínculos de calidad y largo recorrido por ese camino

Y, por esa razón, conocerte a ti mismo será uno de los primeros pasos. No puedes proyectar una imagen auténtica de ti a los demás si no sabes quién eres, qué quieres, cuáles son tus verdaderas habilidades y hacia dónde vas en la vida.

Antes de conocer a otros, conócete a ti mismo

En un mundo que avanza cada vez más rápido, que cambia de forma constante, y que nos obliga a navegar por aguas inciertas, el único faro del que te puedes fiar al cien por cien, y tu herramienta más poderosa, es el AUTOCONOCIMIENTO.

De hecho, tres pilares básicos para generar influencia son:

- AUTOCONOCIMIENTO: Identificar el valor único de una marca personal.
- ESTRATEGIA: Construir un plan de posicionamiento y monetización de la marca.
- COMUNICACIÓN: Diseñar el universo visual, verbal, experiencial, etcétera.

El autoconocimiento es la base de todo: de tu marca personal, del éxito en cualquier proyecto que te propongas y, por supuesto, de la construcción de una red expansiva de contactos que te ayude a crecer y a la que tú puedas aportar valor.

No puedes lanzarte a conectar con otras personas si no lo has hecho antes contigo mismo.

A través del autoconocimiento podrás comprender quién eres, qué te motiva y cuáles son tus fortalezas y debilidades. Solo a través de ese conocimiento profundo de ti mismo serás capaz de desplegar tu máximo potencial y descubrir qué te hace valioso y diferente.

Para ello, las tres preguntas esenciales que debes formularte son:

1. ¿Qué me gusta hacer?
2. ¿Qué se me da bien?
3. ¿Cómo puedo aportar valor?

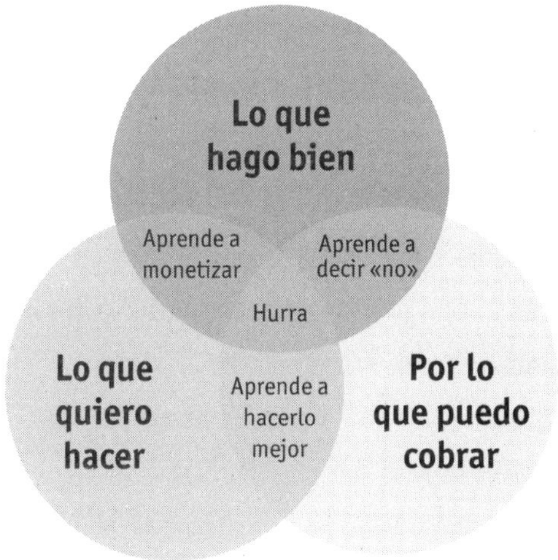

La idea es que identifiques aquellos elementos en los que confluyen las tres premisas. En mi caso, me encanta conectar con personas, siempre he disfrutado muchísimo con la comunicación verdadera, escuchar y conocer al otro, aprender y crecer con las visiones ajenas. Y también, desde muy pequeño, me ha fascinado la idea de ayudar a los demás a conectarse. Me apasiona. Y soy bueno en ello. Muy bueno. Solo necesité comprender el gran valor que podía aportar a los demás con mis habilidades para entender que este modelo de negocio era, además, la vida que quería vivir y disfrutar, en todos sus sentidos.

La evaluación honesta de tus puntos fuertes y de tus carencias debe venir siempre acompañada de una mentalidad de crecimiento que te impulse a tomar como un reto todo aquello que decidas que quieres mejorar. Y, hablando de mejorar, te confesaré que soy mucho más partidario de pisar el acelerador en los aspectos que más te rentan, en aquellos en los que ya eres bueno. Es decir, allá donde hay mucho que ganar y poco que perder. Eso provocará una asimetría positiva en tus resultados. Por ello…

Los primeros pasos y recursos deberían ir dirigidos a potenciar tus fortalezas.

Y, por la misma lógica, estoy más bien en contra de enmendar a toda costa nuestras debilidades. Déjame que me explique… No quiero decir que debamos abrazar la ignorancia o que nos neguemos a corregir nuestros errores. Siempre que sientas que una carencia te está limitando, deberías actuar. Pero un buen consejo es que delegues. Busca un colaborador experto que te aporte esa excelencia a la que a ti te costaría demasiado llegar. Y fórmate un poco, claro, al menos para cumplir unos mínimos que te permitan elegir bien a tu colaborador, hablar su mismo idioma y evaluar sus acciones.

Pero el foco principal de tus recursos debería ir dirigido a potenciar aquello en lo que ya eres bueno, no a elevar lo que se te da mal y no te gusta (menudo desperdicio de energía). Potenciar lo que se te da bien te convierte en extraordinario en algunas áreas y te eleva por encima de las personas (la mayoría) que apuestan por alcanzar un promedio mediocre en demasiados aspectos. Te otorga una ventaja competitiva brutal. Serás una marca memorable, en vez de una marca blanca.

Una persona que hace lo que ama, genera impacto en terceras personas y lo hace muy bien, tiene mucho ganado a la hora de construir una marca personal que la convierta en un auténtico imán para los contactos de alto valor.

Para crear una marca personal verdaderamente magnética debes descubrir quién eres, decidir quién quieres ser... y diseñar un plan para convertirte en ese quién.

La teoría del sándwich mixto

No te preocupes, porque al principio de ese plan no será necesario que desarrolles de un día para otro habilidades extraordinarias o superlativas que nadie más en el mundo posee. Bueno, si las tienes, mejor que mejor, desde luego se te abrirán muchas puertas. Pero, cuando estés comenzando en la creación de tu marca personal y en la construcción de tu red de contactos, puedes empezar ofreciendo a los demás algo más esencial y básico, como lo fue en mi caso. Eso sí, es innegociable que te esfuerces en hacerlo desde la máxima entrega, generosidad y ambición, promoviendo grandes dosis de actitud, contagiando el hambre por crecer, entregando valor y generando confianza para que tu plan de acción se ponga en marcha.

Voy a pedirte que escuches una entrevista que hice a Álvaro Núñez para mi canal de YouTube (te la recomiendo de corazón, porque es oro molido), durante un viaje a Miami en el que entrevisté a distintos referentes, personalidades influyentes y multimillonarios.

Álvaro es un madrileño afincado allí que ha redefinido el mercado inmobiliario de lujo a través de su innovador liderazgo en Super Luxury Group. Cuenta con millones de seguidores en las redes sociales, lo que le convierte en un experto en el ámbito digital. Pero no solo es un profesional que ejecuta un marketing disruptivo de forma maravillosa, sino que también es un gran estratega con una red de contactos de primera talla. Hablamos de alguien en cuya agenda figuran personas como Leonardo Di Caprio, Ricky Martin y Robert De Niro, entre otros muchos.

Pero lo más impactante es que Álvaro empezó de la absoluta nada, y durante esa entrevista explica cómo fue capaz de hacerse un hueco en la élite empresarial de Miami y ganarse su respeto y confianza con esfuerzo, conocimiento sobre disrupción de marca, constancia, una fe infinita en sí mismo, una absoluta claridad sobre el valor que podía aportar y, también he decirlo, un atrevimiento muy trabajado. Su historia me recordó muchísimo a mi propia experiencia en un club de tenis de Bali (la cuento en *Dinerograma* y hablaremos de ella más adelante), pero también a muchas otras de personas quizá más anónimas pero que han logrado sus sueños a base de estrategia, planificación, preparación y el foco puesto en su red de contactos.

Álvaro fue capaz de encontrar una buena fórmula que lo catapultó al centro de las esferas de poder y riqueza: visualizó la vida que quería + identificó una pasión en la que era bueno y que podía aportar valor a los demás + se ganó la confianza de sus primeros contactos. Todo eso le ayudó a forjarse una red de conexiones trabajada de manera exquisita, que le generó oportunidades alucinantes que supo aprovechar. Él aprendió a tocar las teclas adecuadas para ser una persona relevante, influyente, con una mentalidad de alta posibilidad y atendiendo la construcción estratégica de una marca personal magnética.

Recuerdo irme de la reunión pensando en lo curiosas que pueden ser las primeras fichas de dominó que tumban esa cadena de éxitos que a veces viene detrás. En el caso de Álvaro, por ejemplo, él había logrado poner esa rueda de abundancia en marcha gracias a una palanca de lo más básica y esencial: una raqueta de tenis.

Y todos podemos encontrar eso en nuestra vida. O desarrollarlo con un poco de esfuerzo, compromiso y dedicación.

Rubén Turienzo, mi amigo, una maravillosa persona y uno de los consultores políticos más prestigiosos del mundo, me contó la teoría del sándwich mixto, que había aprendido del libro: *Mediocracia*, de Alain Deneault.

El sándwich mixto no es el plato más lujoso de la carta, pero es el producto estrella.

¿Por qué? Por varias razones. Es la decisión perfecta cuando te apetece algo infalible. Con un sándwich mixto vas a lo seguro. Suelen estar siempre ricos. Dan lo que prometen. Es la opción más sencilla cuando no sabes qué te apetece. Si vas con prisa, te ahorras leer una carta larguísima con platos sobre los que tendrás que preguntar.

Es el producto más simple y, a la vez, el más vendido. Porque ser simple no significa ser mediocre.

Y al principio, esa puede ser tu baza ganadora. Convertirte en un sándwich mixto al comenzar. O, lo que es lo mismo, en ese producto que la gente quiere elegir porque le aporta lo esencial, porque le genera confianza, bienestar y satisfacción.

Ahora bien, una vez avanzado el proyecto, no debes permanecer en este escalón básico, ya que te quedarás relegado. Al principio tienes que activar y ponerte en marcha sin esperar a que suceda la magia.

¿Qué vida quieres tener?

Según mi experiencia, debo decirte que no solo basta con conocerte a ti mismo, sino que también debes tener muy clara la vida que deseas. Una vez que sabes lo que quieres y lo que no, aquello que toleras y tus líneas rojas, te resultará más fácil tomar decisiones inteligentes, que no son más que las que te acercan a tus objetivos. Y la respuesta no es siempre tan fácil. De hecho, muchas veces, ya creemos estar en la vida que habíamos soñado. A poco que alcanzamos cierta estabilidad económica, o reconocimiento profesional, o un estatus elevado, corremos el riesgo de confundir los sentimientos de orgullo, vanidad o seguridad que nuestros logros nos producen con la verdadera satisfacción vital.

Es muy fácil que la vida te atrape en una vorágine de acciones que, aparentemente, te empujan hacia delante. Pero la mayor parte de las veces solo estás dando vueltas en círculo. Las recompensas por tus logros disparan tu dopamina de forma inmediata, pero el bajón es igual de inmediato…, por eso saltas de cabeza al siguiente reto, sin pararte a pensar adónde te está llevando todo eso. Entras en una espiral cada vez más furiosa de hacer, hacer, hacer, y no encuentras el momento ni la calma para cuestionarte:

- ¿Esto es lo que realmente quiero hacer?
- ¿Estoy donde quiero estar?
- ¿Voy en la dirección correcta?
- ¿Esto me acerca o me aleja de la vida que busco?

Vivimos tan rápido que no nos hacemos esas preguntas. No te preocupes si te has sentido identificado. A mí me pasó lo mismo. Por suerte, encontré a alguien en el momento adecuado que me animó a hacerme las preguntas correctas, que me impulsó a realizar ese acto de introspección que necesitaba para dar un golpe de timón en mi vida.

Sucedió en un hotel de Costa Rica, durante un desayuno memorable con alguien a quien desde entonces ya considero para siempre un gran guía de vida. Aquella conversación fue el germen de todo lo que vino después: de la marca personal que impulsó mi actual red de contactos, de la fusión perfecta entre mis pasiones y mi éxito profesional, de mi primer libro, de este otro que ahora tienes entre las manos, y de los numerosos proyectos y libros que puedan venir después.

También quiero ser honesto y reconocer que ya había logrado muchas cosas antes de aquel encuentro. ¡No es que partiera exactamente de cero! Llevaba tiempo formándome, trabajando como periodista para diferentes medios españoles y, a la vez, emprendiendo. Había conseguido sacar adelante distintos proyectos y fracasado en otros, claro. Pero, a pesar de eso, había algo que me decía que no iba en la dirección correcta. Y era porque no me había hecho las preguntas que debía. Las que tú también deberías empezar a hacerte.

Mi amigo el doctor Sam

Los que habéis leído *Dinerograma* ya conocéis esta anécdota, pero creo que vale la pena que vuelva a contarla para mis nuevos lectores, porque, además, la quiero explicar ahora desde otra perspectiva. Y es que mi amigo el doctor Sam no solo fue el motor que me impulsó a tener más control sobre mi dinero y a educarme a fondo en el ámbito financiero. También me enseñó la importancia de conocerme y decirme a mí mismo verdades como puños.

Gracias a él, experimenté un momento de brutal y reveladora honestidad conmigo mismo que me cambió la vida. Y fue algo tan personal e intenso que nunca me había animado a contarlo con detalle. Hasta ahora.

En el año 2018, yo vivía en Costa Rica y creía haber conseguido cierto éxito en la vida. Ganaba un buen dinero cada mes, vivía sin preocuparme de los precios, viajaba, comía y cenaba todos los días fuera de casa, y vivía sin despertador ni grandes ataduras. Puede que hubiera una vocecita en mi cabeza que me susurrara de vez en cuando que algo fallaba, que todo eso no me hacía lo feliz que debería… Pero decidí no hacerle mucho caso, ya que, después de tanto esfuerzo, por fin los resultados materiales que buscaba eran excepcionales. Así que era mejor no pararse a escucharla… (¡hasta que me gritó!).

Durante un viaje de negocios a Tamarindo, provincia de Guanacaste, mientras desayunaba en un pequeño hotelito en la playa, observé a una persona que desde hacía días me llamaba la atención. Era un hombre de edad madura, pelo blanco largo y recogido, piel bronceada, elegante pero con *flow*, que irradiaba carisma y serenidad. Ese señor se dedicaba, mañana tras mañana, a tomar su desayuno mientras escribía misteriosas (para mí) anotaciones en un cuaderno que siempre llevaba consigo. Y aquella actividad o el mero hecho de estar presente desayunando parecía provocarle tal placer, tal satisfacción, que un día ya no pude resistirlo más y provoqué un encuentro.

Me acerqué a él, me presenté, le pedí permiso para compartir mesa, y a los pocos minutos de charla ya habíamos conectado como si nos conociéramos de toda la vida. Me contó que era estadounidense, médico, y que se llamaba Sam.

Finalmente, me decidí a preguntarle por aquel cuaderno y lo que escribía en sus páginas. Me contestó que algo muy simple, pero que le había cambiado la vida: eran sencillas listas. De todo lo que quería hacer en la vida y lo que no. Me quedé algo extrañado, la verdad. Me costó un poco entender por qué escribía y lo revisaba a diario. Yo creía tener claro lo que quería hacer cada día y en mi vida y lo que no. Solo tenía que abrir mi agenda, o preguntarle a alguien de mi equipo.

Sam se rio, con una expresión misteriosa que no supe descifrar, y me animó a que probara yo mismo aquel método para entenderlo.

«Esta tarde, Nacho —me dijo—, busca un momento de paz, un rato en el que sepas que nada ni nadie va a interrumpirte. Te vas a un bar que te guste, a la playa o donde te sientas bien y coge lápiz y papel. Haz dos listas. En la primera, escribe todo lo que quieres hacer. No te cortes y piensa en grande, en tu vida ideal, anota todo lo que se te ocurra. Pueden ser cosas pequeñas, del día a día, o cosas más ambiciosas, sueños para el futuro… Pero deben ser cosas que desees con todo tu corazón. Visualiza la vida de tus sueños sin límites. Y en la segunda lista pon todo lo que no quieres hacer. La única regla es que debes ser muy sincero, muy honesto. Tienes que elaborar esas listas sin juicios de ningún tipo. Sin pensar en si esas cosas están bien o mal. Sin pensar en los demás, sin preocuparte por a quién decepcionarás, o las consecuencias que te acarrearán. Solo concéntrate en tus deseos y pasiones. En lo que quieres hacer y en lo que no. ¡Y escríbelo! Escribir ordena tu mente», terminó con otra gran sonrisa.

Por supuesto, le hice caso. Y jamás se me va a olvidar la sensación que me embargó cuando terminé de escribir aquellas dos listas. No pude parar de llorar como un desconsolado en esa playa del océano Pacífico. Recuerdo ese momento y aún se me ponen los pelos de punta mientras escribo esto.

Sentí vértigo. De pronto, ante mis ojos, en aquel trozo de papel, estaba la dolorosa verdad sobre mi vida.

No estaba haciendo casi nada de lo que de verdad quería hacer. Me di cuenta de que en realidad no quería vivir en Costa Rica, odiaba gestionar una empresa de ropa femenina, sufría por vivir lejos de mi familia, deseaba volver a Barcelona, anhelaba estudiar un máster en la Ciudad Condal, extrañaba tener un entorno de personas más afines y que me catapultaran, echaba de menos mi club de tenis de toda la vida, etcétera.

El grueso duro de mi vida y la mayor parte de las cosas que hacía a diario… ¡ni me gustaban ni quería hacerlas! Fue una revelación absoluta. Devastadora. Brutal.

Al día siguiente, cuando se lo conté a Sam, en un tono algo victimista lleno de «porque» («porque, claro, cómo voy a cambiar esto…», «porque nos ha costado mucho construir lo que tenemos…», «porque si ahora dejo este país…», «porque qué le voy a decir a Annie…», «porque, imagínate qué lío…»), mi amigo me interrumpió y me regaló otra gran enseñanza que no se me olvidará nunca: «Nacho, los porqués solo generan porquerías.

Pregúntate para qué. Ponte en marcha ahora mismo y todo se irá aclarando».

¡Todos necesitamos un doctor Sam en nuestra vida! ¡Qué maestro!

Gracias a él realicé el que quizá ha sido mi mayor ejercicio de reinvención personal y profesional. También es verdad que no fue el único; cuando uno va cultivando esa mentalidad de crecimiento, no puede evitar ajustes constantes que la propia experiencia, el momento vital y la influencia de otras personas inspiradoras van provocando. Pero lo que mi amigo generó en mí fue un verdadero cataclismo, porque me obligó a detenerme, a coger aire y a tomar dos decisiones fundamentales:

- Voy a diseñar exactamente el estilo de vida que quiero a partir de mis pasiones y deseos.
- Voy a construir un plan estratégico para lograrlo en unos años, pero lo voy a empezar ya mismo.

Muchas de las acciones que planifiqué no eran del todo nuevas para mí: ya llevaba tiempo cultivando las habilidades necesarias para convertirme en una persona influyente y magnética, porque siempre me ha apasionado ser un conector de personas. Y de una forma más intuitiva, ya estaba focalizado en la creación de una marca personal y de una red de contactos. Pero me faltaba dar a todas esas acciones un sentido, una dirección, enmarcarlas dentro de un plan estratégico con un objetivo claro: vivir de lo que me apasiona y como realmente quiero.

Con el paso de los años, puedo afirmar que todo tuvo su sentido y encajó. Y, tras un largo camino que me ha traído hasta aquí, a estar hablándote a través de estas páginas, puedo decir que logré lo que me propuse. Conectar a la gente me hace feliz, impulsa mi crecimiento personal, se me da muy bien, soy consciente de que aporto un gran valor a los demás y puedo monetizarlo para disfrutar cada día de la vida que quiero. Qué maravilla.

Y todo comenzó con esas dos listas. El día que de verdad supe cómo quería vivir y quién era yo. Y decidí crear esa vida sin excusas y convertirme en ese yo.

El valor se construye

Convertirte en quien quieres ser implica un esfuerzo diario, un compromiso a largo plazo y una inversión en tiempo, energía y dinero. Además, tendrás que aprender a proyectar tu imagen de la forma correcta, por los canales adecuados y con los recursos que verdaderamente son eficaces, si quieres que ese mensaje, esa marca tuya única e incomparable, cale en los demás.

Llegar a ser esa persona a quien el otro siempre quiere abrir su agenda no es fácil. Ya te lo advierto. Yo he logrado mi red de contactos porque he trabajado mi autoridad e influencia de marca con muchísimo esfuerzo, invirtiendo gran cantidad de recursos y dedicación mediante infinidad de estrategias.

He aquí algunas de las HERRAMIENTAS que yo he utilizado y que te pueden servir a ti con toda seguridad:

- **Hacer un pódcast:** Hoy en día solo hace falta un teléfono móvil (y un mensaje potente para transmitir, claro). Y tienes mil tutoriales en YouTube para los detalles técnicos.
- **Publicar un libro:** Ni siquiera hace falta que logres acceder a los grandes grupos editoriales (los cuales, lo reco-

nozco, pueden ser bastante herméticos). Yo he tenido la suerte de contar con la mejor agente literaria, Sandra Bruna, y con la confianza de una editora, Alba Adell, quien, además de ser una gran profesional, ha conectado conmigo a todos los niveles creativos. Pero recuerda que tienes otras opciones, como Amazon, una de las plataformas más poderosas de publicación. Existen, asimismo, muchos profesionales que pueden ayudarte en el proceso, desde la maquetación y diseño de portada, hasta las estrategias de posicionamiento y visibilidad. Recuerda, puedes formarte tú o buscar a alguien que sepa lo que tú no sabes. Lo cual me lleva al siguiente punto...

- **Formarte en diferentes materias:** Elige aquellas en las que ya eres bueno, o tienes cierta predisposición, para que tus esfuerzos sean el máximo de eficaces. Y para el resto, delega, crea equipo, busca sinergias.
- **Trabajar las redes:** Hay grandes expertos en marketing digital que pueden estudiar cuál es tu red ideal para tu público objetivo, *copywriters* para tus textos, diseñadores para tu imagen visual, publicistas para tu estrategia de *hashtags*, etcétera, etcétera. Al principio toca invertir: fórmate en aquello que quieras hacer tú, invierte en buenos profesionales que te aseguren los mejores resultaos, dedica tiempo y esfuerzo, y crea esa comunidad donde, muy pronto, tu red de contactos se irá haciendo cada vez más fuerte y exponencial.
- **Asistir a diferentes eventos presenciales**, e investigar quiénes son las personas adecuadas en cada uno de ellos con el fin de llevar preparada una estrategia clara de aproximación para aportarles valor y transferirles recursos

(no tienes que ser detective privado. Recuerda, Google existe).

- **Y a partir de aquí... ¡podría decirte tantas cosas...! (cosas que yo he hecho):** Viaja siempre que puedas, asiste a eventos en otras partes del mundo, apúntate a clubes, crea tu propio club... Siempre estoy buscando nuevas formas de construir y aportar valor a los demás, y mantengo mis antenas bien altas para detectar cualquier oportunidad de crecimiento. Y ese es el mejor consejo que te puedo dar. Acciones posibles hay cien mil.

Ya lo habrás sospechado, pero quiero advertirte de que, cuando llegues a ciertos niveles, la inversión no podrá quedarse en términos de energía o tiempo. Hay una parte de *networking* y de creación de marca que es cara, que precisa de una inversión económica. Te lo voy a decir más veces, y no es para asustarte. Es para que eleves tus estándares y salgas del pensamiento mediocre (lo veremos más adelante), si es que aún estás ahí.

Muchas veces, para llegar a gente que está por encima de nosotros, hay que pagar. Eso es así. Hay que dejarse un dinero en viajes, formaciones, restaurantes, ciudades de moda, clubes privados, cuidado de la imagen, etcétera. La clave está en poner en la balanza cada acción para saber si te interesa estar ahí o no. Debes calibrar si esa inversión concreta está alineada con tus objetivos y, sobre todo, con el momento en el que te encuentras de tu plan.

Tan importante es evitar la procrastinación como no correr antes de tiempo.

En fases iniciales o al comenzar una reinvención profesional, no podemos pretender acceder directamente a los más top. Es probable que no hayas generado suficiente valor para poder entrar en esos núcleos de influencia. Corres el riesgo de que te vean como «poca cosa» y esa inversión no te proporcione los beneficios adecuados, porque no habrá una reciprocidad justa que tú puedas asumir. Como ya hemos visto, lo más inteligente en esas etapas es buscar una palanca estratégica que te permita acceder a ciertas oportunidades y, desde ahí, continuar avanzando. Y a medida que tu valor crezca y tu red de contactos se expanda, será el momento de emprender acciones cada vez más ambiciosas y con una mayor inversión de recursos.

Eso sí, lo que puedes aportar desde un principio y no debería decaer nunca es la energía, la pasión y el positivismo. Buena onda, siempre buena (y genuina) onda.

Y eso supone esfuerzo, esfuerzo, esfuerzo. Continuo. Que no te engañen esos vídeos de emprendedores exitosos que comparten contigo su *morning routine* de cuatro horas, donde hay un saludo al sol, un batido de quince ingredientes exóticos, una sesión de gimnasio, un rato de meditación y su *journaling*. No se han convertido en millonarios o triunfadores gracias a esas rutinas. Está claro que todo eso forma parte auténtica de su vida actual, de la marca personal que han logrado construir y con la que muchas personas conectan. Pero ninguna de esas acciones ha sido la causa de su éxito. Son las consecuencias. Después de años de mucho trabajo, de mucha estrategia, de mucha inversión, han alcanzado un estatus social y económico que les permite sacar tiempo para esa realidad. Pero te aseguro que hasta llegar ahí hubo un largo camino donde sus prioridades fueron otras.

Y, si analizas las historias de todos estos emprendedores, verás que todos se abrieron el primer hueco con una pequeña palanca que marcaba la diferencia, igual que Álvaro, Roberto y yo mismo, y encontrarás en sus biografías muchas de las claves de las que estamos hablando en este libro: mentalidad de crecimiento, aportación de alto valor, marca personal muy trabajada, mucho esfuerzo, formación y sacrificio, y, desde luego, una red de contactos exponencial donde la suma de todas las partes creó una rueda de abundancia imparable.

El poder del magnetismo de marca

Una **marca personal magnética** es aquella que, por su autenticidad, confianza y autoridad, atrae de forma natural a personas, oportunidades y dinero. No tiene que perseguir clientes, contactos, ventas u oportunidades, pues las atrae, le llegan. Genera un flujo constante de oportunidades sin esfuerzo adicional. Al ser percibida como influyente y relevante, la gente se interesa por su energía, por lo que ofrece, y genera una fortísima conexión con las personas.

Los resultados cosechados van mucho más allá del reconocimiento: te posiciona como una referencia en tu sector, te permite cobrar más por tus servicios y fideliza a tu comunidad.

A continuación, te presento algunos beneficios clave que obtienes cuando logras construir una marca personal magnética:

- **Atrae clientes sin esfuerzo:** Las personas confían en ti de inmediato y te ven como la mejor opción, lo que reduce el tiempo de conversión de prospectos a clientes.

- **Genera oportunidades constantemente:** Las colaboraciones, entrevistas, experiencias, conexiones y oportunidades de negocio llegan a ti sin que las busques activamente.
- **Te posiciona como líder de tu sector:** Las personas te reconocen como la referencia, y esto te permite influir en decisiones de mercado y seguir ganando autoridad, posicionamiento y libertad.
- **Te permite cobrar más:** Tu marca genera tanto valor que la gente está dispuesta a pagar un precio *premium* por trabajar o compartir tiempo de calidad contigo.
- **Fideliza a tu comunidad:** Una vez conectan contigo, las personas permanecen leales a tu marca y te recomiendan a otros de forma voluntaria y genuina.

Sin embargo, como todo lo que hemos ido viendo hasta ahora, para construir una marca personal magnética no basta con seguir estrategias de marketing o ser visible en las redes sociales. Todo empieza desde dentro, con la mentalidad adecuada. El *mindset* que adoptes aquí será la base que te permitirá desarrollar una marca que no solo atrae oportunidades, sino que se mantiene sólida y coherente en el tiempo.

Estos son algunos de los principios y enfoques que necesitas para crear una marca personal magnética son:

- **Piensa en abundancia, no en escasez:** Si operas desde la creencia de que hay suficientes oportunidades, clientes y dinero para todos, vas por el camino correcto rumbo al el éxito. Una mentalidad de abundancia te permite compartir conocimiento, colaborar con otros y no temer la competencia. La gente gravita hacia aquellos que proyectan seguridad y confianza en sí mismos. La generosidad es magnética.

- **Enfócate en aportar valor, no solo en vender:** Cuando tu principal motivación es ayudar a tu audiencia, las ventas llegan de forma más orgánica y natural. Deja de obsesionarte con la conversión inmediata y el cortoplacismo. Enfócate en cómo puedes solucionar problemas, unir personas y mejorar la vida de los demás.
- **Sé auténtico, no perfecto:** La perfección aleja a las personas, porque es inalcanzable, genera brecha y distancia. Mostrar tus vulnerabilidades y ser humano te hace accesible y genera una conexión mucho más profunda.
- **Compromiso con el largo plazo:** Una marca magnética no se construye de la noche a la mañana. Debes tener claro que se trata de un proceso en el que la constancia y la coherencia son fundamentales.
- **Confía en tu diferenciación:** No intentes ser como los demás en tu sector. Detecta eso que te hace único y confía en que esa diferencia es lo que te permitirá atraer a las personas correctas.

A medida que vayas viendo con mayor claridad quién eres, qué representas, cómo impactas en las personas y hacia dónde vas, más magnético te volverás. Cuando eres capaz de detallar con precisión tu identidad, tus creencias y tu misión, te conviertes en alguien atractivo para las personas que comparten tus mismos valores.

Pero no basta con tener claridad, también es crucial crear una conexión emocional con tu audiencia. Las marcas más fuertes, además de vender productos o servicios, venden una visión, un propósito. Haz que tu marca resuene emocionalmente. No se trata únicamente de lo que haces, se trata también del porqué que hay detrás.

Las marcas más fuertes no venden productos, venden una visión.

Ahora bien, este gran porqué debes comunicarlo de forma constante, no mediante apariciones esporádicas. Este apartado es clave para mantenerte visible, para que tu audiencia te perciba como un experto y, lo más importante, para que siga interesada en lo que tienes que ofrecer. La consistencia es lo que te permitirá convertirte en una referencia a lo largo del tiempo.

No se trata de que expongas las cosas tal y como te vienen a la cabeza. Tienes que dominar el arte del *storytelling* como herramienta principal. Cuenta historias que reflejen tu experiencia profesional y también tu personalidad. Las historias conectan, crean un vínculo y te humanizan. Es en estas narrativas donde tu público encontrará soluciones a sus problemas y se identificará contigo. Las personas se conectan con marcas que las escuchan y les responden.

Cuenta historias que conecten, las personas no se enamoran de datos, sino de emociones.

Si quieres profundizar aún más en esa conexión, considera plataformas de largo formato como YouTube o un pódcast, donde puedes ofrecer contenido más denso y profundo, que no solo eduque, sino que también fortalezca tu autoridad en el sector. Estos formatos permiten una interacción más cercana e íntima con tu audiencia y crean una relación de confianza duradera.

Son una vía maravillosa para intimar y convertir desconocidos o seguidores en clientes.

Una marca personal magnética no tiene miedo al cambio, lo abraza

Quedarse estático llevará al estancamiento. Siempre recomiendo invertir tiempo, dinero, energía o recursos en el crecimiento personal, espiritual y profesional. La formación continua es clave para seguir siendo relevante y atractivo. Cuanto más conocimiento y cuantas más habilidades adquieras, más valor podrás aportar a tu audiencia.

La falta de crecimiento afecta a tu evolución interna e impacta negativamente en la percepción que los demás tienen de tu marca personal. Conozco cientos de personas que se han quedado obsoletas, olvidadas o que no han cesado de perder relevancia respecto a sus años gloriosos. Dicen que lo fácil no es llegar, sino mantenerse. Con el magnetismo de marca pasa exactamente lo mismo. ¿Qué estás haciendo tú para no perder magnetismo?

Problemas de no ser una marca personal magnética

Esto es lo que puede esperar quien no se propone ser una marca personal magnética:

- **Falta de oportunidades:** Si no eres magnético, siempre tendrás que perseguir oportunidades, lo que te hará gastar más tiempo y recursos.

- **Dificultad para generar confianza:** Las personas dudarán más en elegirte frente a otros competidores si tu marca no proyecta autoridad y autenticidad.
- **Ser percibido como uno más:** Si tu marca no se diferencia, te perderás entre la multitud, serás uno más en tu sector, lo que reducirá tu capacidad de atraer clientes o socios estratégicos.
- **Menor fidelización:** Las personas se olvidarán de ti muy rápido y no desarrollarán lealtad hacia tu marca, lo que te obliga a buscar nuevos clientes de forma constante.
- **Precios bajos:** Sin una marca fuerte, las personas no estarán dispuestas a pagar más por tus servicios, y tendrás que competir solo por precio. Y esto es la crónica de una muerte anunciada para el 99,99% de las marcas personales.

En definitiva, el verdadero poder de una marca personal magnética no radica en lo que haces de manera puntual, sino en cómo eres percibido de manera constante. Es el fruto de un trabajo continuo que combina autenticidad, valor y conexión emocional con tu audiencia.

No se trata solo de vender, sino de crear una relación genuina basada en la confianza, donde las personas te elijan por lo que ofreces y por quién eres y lo que representas. El magnetismo de tu marca es lo que te permitirá, además de atraer oportunidades, consolidarte como una referencia duradera en tu sector.

La pregunta es: ¿estás dispuesto a hacer lo necesario para mantenerlo?

Del magnetismo a la relevancia de marca

¿Quién no querría una marca personal magnética? Pero una marca personal magnética no surge por casualidad. El magnetismo, esa capacidad de atraer personas, oportunidades y dinero, es el preámbulo para ser una marca relevante.

El magnetismo y la relevancia de una marca personal están profundamente conectados y funcionan en una dinámica de retroalimentación. El magnetismo es el «imán» que atrae a las personas, mientras que la relevancia es el reconocimiento y la autoridad que construyes como resultado de esa atracción constante.

El magnetismo es el punto de partida: atrae a las personas gracias a tu autenticidad, a tu energía, a tus valores y a la conexión emocional que generas. Cuando proyectas confianza y propósito, las personas gravitan hacia ti porque sienten que ofreces algo único. La relevancia es la consecuencia de ese magnetismo: al atraer continuamente, generas reconocimiento y autoridad en tu sector, lo que te convierte en una referencia. Cuanto más influyente eres, más reconocimiento ganas.

La relevancia te posiciona como un referente. Es el reconocimiento que recibes cuando tu nombre es el primero que aparece en la mente de las personas en tu área de *expertise*. Si eres relevante, aportas un valor concreto y diferencial. Las personas te buscan porque saben que pueden confiar en tu experiencia y en la calidad de lo que ofreces.

Cuando alcanzas este nivel, las oportunidades llegan casi sin esfuerzo. No necesitas perseguir clientes o contactos; ellos te buscan a ti. Tu marca se vuelve un imán natural de oportunidades.

Ser relevante significa estar en las conversaciones correctas. Las personas te ven como la solución que necesitan, sin que tengas que venderte activamente. La relevancia te hace visible y, con el tiempo, se transforma en magnetismo.

Este magnetismo no se trata solo de visibilidad o popularidad. Es el resultado de haber construido una marca sólida y alineada con los valores de tu audiencia. No es cuestión de gritar más fuerte, sino de ser la persona a la que todos acuden en busca de soluciones.

En resumen, la relevancia te posiciona, y el magnetismo permite que las oportunidades fluyan hacia ti. Sin relevancia, el magnetismo no tiene sustento. Pero cuando logras ambos, tu marca domina el mercado.

El tiempo construye relevancia.

No hay atajos para construir una marca relevante y magnética. La autoridad no se gana de la noche a la mañana. Las personas confían en quienes se mantienen firmes y visibles a lo largo del tiempo. El tiempo es tu mejor aliado para perfeccionar tu experiencia y conocimiento. Los grandes resultados no llegan de inmediato; son el fruto de años de ajustes y mejoras continuas. La relevancia se construye con tiempo, paciencia y consistencia.

Preguntas y *hacks* para aumentar tu autoridad de marca

No esperes encontrar en estas páginas un manual exhaustivo sobre cómo aumentar tu autoridad de marca, principalmente porque este no es un libro sobre la influencia de tu marca personal. Me basta con que entiendas la importancia de edificarte una y despertar en ti las ganas de formarte, investigar y buscar a los expertos que puedan ayudarte. Por supuesto, sí que voy a darte varias herramientas y *hacks* personales, que a mí me han ido de maravilla y que serán también muy potentes para ti. Pero, hasta ahora, me he enfocado más en el QUÉ de las cosas, y no tanto en el CÓMO, y lo he hecho de manera muy consciente.

La razón es que tengo muy claro el objetivo de este libro. Lo que yo quiero es que aprendas a hacer *networking* del bueno, y que consigas construir, gracias a él, una red de contactos expansiva y poderosa que te catapulte hacia esa vida que quieres vivir. Y por eso, el verdadero HOW de este libro está enfocado en proporcionarte todas las herramientas y recursos que necesitarás en ese proceso concreto, y que veremos un poco más adelante. Porque ahí, justo ahí, es donde está mi *expertise*, mi autoridad, y el gran valor que puedo aportarte.

> Hoy, en la Era del Individuo, debes ser tu propia marca.
>
> TOM PETERS

Ahora bien, ya te lo he avisado en la introducción: por mucho que intentes seguir al pie de la letra todas las pautas de mi HOW, si no has realizado antes este proceso previo, este en el que ahora mismo estás inmerso, de diagnóstico, autoconocimiento y exploración, difícilmente verás resultados.

Básicamente, lo que pretendo de momento es que te hagas muchas preguntas, y que tus respuestas te pongan en acción. Hay infinitas fuentes de información sobre todos los temas que estamos tratando: cómo mejorar las relaciones interpersonales, cómo desarrollar el pensamiento estratégico, cómo cambiar de una mentalidad fija a una mentalidad de crecimiento, cómo mejorar las habilidades de comunicación, técnicas y ejercicios de autoconocimiento, etcétera. Mi objetivo principal es que acudas, cuanto antes, a ellas y comiences tu cambio de *mindset* desde ya.

En el caso concreto del *personal branding* existen muchísimos libros, cursos y manuales estupendos que imparten una amplia formación sobre el proceso de creación de una marca personal. Te recomiendo aquí algunas lecturas que estoy seguro de que te serán de gran ayuda: *Cómo construir una Storybrand*, de Donald Miller; *Las 48 leyes del poder*, de Robert Greene, y, cómo no, el libro *Marca Personal: 50 Claves para hacer de ti una Marca*, de Tom Peters, considerado el padre de todo esto. De hecho, te sugiero que leas también el artículo «Brand called you» que este autor publicó en 1997 en la revista *Fast Company* y que casi treinta años después sigue siendo igual de potente. En dicho artículo, Peters ya planteaba cinco preguntas que, según él, todo profesional debía hacerse (y no solo para trabajar su marca):

- ¿Qué te hace diferente?
- ¿Cuál es tu terreno de juego?
- ¿Cuál es tu verdadero poder?
- ¿Qué es la lealtad para ti?
- ¿Cuál es tu futuro profesional?

Mi gran herramienta número 1: Preguntando llegué a todas partes

Ya lo ves, hacerte preguntas es algo esencial cuando emprendes cualquier proyecto, y lo cierto es que nos preguntamos pocas cosas a nosotros mismos. Cuando hablábamos de pensamiento estratégico te dije que hacerte las preguntas adecuadas supone recorrer la mitad del camino. Así que a continuación te dejo las preguntas que me hice en cada fase del proceso de creación de mi marca personal y que, por mi propia experiencia, pueden resultarte más reveladoras:

FASE 1. **Conócete a ti mismo.** ¿Qué aptitudes y habilidades me generan buenos resultados? ¿Qué me apasiona? ¿Cómo puedo aportar valor a los demás?

FASE 2. **Establece tus objetivos.** ¿Qué objetivos profesionales persigo? ¿Cuál es la vida de mis sueños? ¿Hasta dónde quiero llegar? ¿Conseguir un nuevo empleo? ¿Aumentar mis clientes? ¿Vender más? ¿Generar nuevos contactos y oportunidades?

FASE 3. **Determina tu público objetivo.** ¿A quién quiero que llegue mi mensaje? ¿Qué contactos pueden ayudarme a mis objetivos? ¿Qué personas comparten mis pasiones y valores? ¿A quién puedo resultar interesante?

FASE 4. **Define tu tono de comunicación.** ¿Qué quiero decir? ¿Cómo lo quiero decir? ¿Quiero ser más cercano, emocional, disruptivo, informativo…? ¿Con qué tipo de comunicación yo me siento cómodo y me representa?

FASE 5. **Diseña tu imagen corporativa.** ¿Qué imagen se ajusta a mi identidad? ¿Con quién o qué me quiero identificar? ¿De quién o qué me quiero diferenciar?

FASE 6. **Planifica tus acciones.** ¿Por dónde empiezo? ¿Con qué recursos cuento? ¿Qué plazos y objetivos intermedios voy a marcarme? ¿Qué líneas de acción y estrategias voy a desplegar?

FASE 7. **Mide los resultados.** ¿Qué impacto está teniendo mi estrategia? ¿Cómo puedo medir y cuantificar los resultados?

MIS *HACKS* MÁS VALIOSOS

Y aunque antes te advertí que este no es un manual de *personal branding*, sí que voy a darte algunos *hacks* superprácticos extraídos de mi propia experiencia, pautas que continúo siguiendo y teniendo muy presentes en mi día a día, y que seguro que te van a resultar muy valiosos para trabajar tu marca personal, conseguir autoridad e influencia, y convertirte en una persona magnética.

Las redes sociales no se negocian

Te recomiendo fervientemente que utilices las redes sociales para crear y conectar con tu comunidad. Sube aquello que te represente: tus viajes, tus experiencias, tu estilo de vida, las cosas que hablan de ti, de tus valores y de tus habilidades. A mí, desde los comienzos, me funcionó muy bien la estrategia del *build in public*, que consiste en desarrollar y construir un producto, servicio o proyecto de manera transparente y abierta, compartiendo el proceso con tu público. Yo compartía absolutamente todo: los desafíos, los éxitos, los errores, las lecciones aprendidas, las malas decisiones, los momentos de gloria. De esta manera generas muy buena interacción con tu audiencia, la involucras en tu propio camino, recibes retroalimentación y también puedes ir haciendo ajustes en función del feedback de tu público. Que haya un registro, una documentación de tus avances y decisiones genera *engagement* con tu comunidad, lealtad y compromiso por parte de tu audiencia. Con esta estrategia te vuelves auténtico y humanizas tu marca, y genera muchísima confianza, ya que te muestras transparente y vulnerable. Si lo haces bien, hallarás en tus seguidores una fuente de motivación, apoyo y promoción muy valiosa. Encuentra aquello que a ti te funcione y que aporte verdadero valor a tu comunidad. Pero recuerda: la vulnerabilidad es una gran conectora de personas.

Fabrica desde la honestidad ese magnetismo que atraerá contactos y oportunidades.

La generosidad, palanca de éxito

Este es uno de los recursos que más magnetismo generan. Esta habilidad puede desarrollarse a través de la práctica, se puede pasar de ser una persona egoísta a alguien extremadamente generoso, te lo digo por experiencia. La generosidad es una fábrica de oportunidades, genera impacto en terceras personas y produce un efecto bumerán positivo en tu vida personal y profesional. La generosidad es una palanca infalible para crear vínculos y oportunidades. Y muchas veces no cuesta nada, es una transferencia de valor ya sea en tiempo, recursos, dinero, contactos, conocimiento, experiencia, etcétera.

Cultiva tu carisma, no importa lo tímido o introspectivo que seas

Ser una persona interesante es algo que se puede aprender y ejercitar. En el próximo capítulo veremos con más detalle las habilidades de comunicación, pero te advierto desde ya que estas deben estar fundamentadas en tu desarrollo personal. No servirá de nada que lleves preparados un montón de temas de conversación a un evento, si no te has preocupado, de verdad, de informarte mínimamente sobre ellos. Tampoco hace falta que seas un experto, pero sí que sepas lo suficiente para hacer preguntas inteligentes. Lee libros, mantente al día de la actualidad de tu sector, escucha pódcast, apúntate a cursos y formaciones, invierte en entornos que te impulsen... ¡Ten siempre una actitud de eterno estudiante! Cada vez que yo me he sentido un ignorante en una conversación, lo primero que he hecho al llegar a casa es buscar algún pódcast o lectura sobre el tema para no volver a verme en las mismas.

La ignorancia no es una excusa,
es una elección.

Invierte en tu apariencia física

Es un reflejo de ti, y comunica mucha más información de lo que tantas personas creen. Nos gusta hacer negocios con personas que se cuidan, que se responsabilizan de su bienestar, que se preocupan por su salud y que se esfuerzan por dar lo mejor de sí mismas. Alguien que cuida la excelencia en su imagen, transmite disciplina, amor por los detalles, confianza y seguridad. Aspirar al máximo potencial tanto en la mente como en el cuerpo te infunde seguridad y energía. Esta es un área que en diferentes etapas de mi vida he descuidado, pero espero que en el momento en que leas esto puedas acceder a mis redes sociales y ver que estoy en forma, saludable y atractivo. Debo decir que la visión y el trabajo de una profesional como Annie Blanc me ha guiado y ayudado enormemente a ser consciente de la importancia de este apartado y a elevar mi imagen y estilo.

> No puedes lograr el éxito si te vistes de fracaso.
>
> ZIG ZIGLAR

Cuida tu capital erótico

Este punto está relacionado con los anteriores —formación, carisma, aspecto físico...—, pero desde una perspectiva más conceptual. Entiendo que va a ser un punto un poco controvertido, pero si me conoces, o me vas conociendo, ya sabrás que me apasionan ciertos temas curiosos con enfoques disruptivos, siempre que estén respaldados por argumentos de valor.

Conocí el concepto «capital erótico» al encontrarme con el libro del mismo título: *Capital erótico. El poder de fascinar a los demás*, de Catherine Hakim, lectura que os recomiendo encarecidamente. La autora defiende la audaz teoría de que las personas, además de los tres activos personales reconocidos de manera universal —capital económico (lo que tienes), capital cultural (lo que sabes) y capital relacional (a quién conoces)—, cuentan con un cuarto activo al que ella llama «capital erótico», y que es una herramienta igual o más poderosa que las anteriores para progresar personal y profesionalmente en la vida. El «capital erótico» sería la mezcla de los siguientes elementos: belleza, atractivo sexual, cuidado de la imagen, energía positiva, encanto, carisma, elegancia y aptitudes sociales. Se trata de un capital al que cuesta otorgar valor y, sin embargo, es una cualidad más de los seres humanos, como la inteligencia, y desempeña también un papel importante en todos los aspectos de la vida.

El capital erótico existe, tiene su impacto e influencia en el éxito y la felicidad de las personas, y, por lo tanto, sería absurdo no tenerlo en cuenta.

Tu capital erótico es un activo más, utilízalo a tu favor.

No sirve de nada dar la espalda a una realidad que es indiscutible, y los números, extraídos de la obra de Hakim, hablan por sí solos: «En Norteamérica los hombres atractivos ganan entre un 14 % y un 27 % más que los no atractivos, las mujeres atractivas ganan entre un 12 % y un 20 % más que las no atractivas. Las personas que se mantienen atractivas en su aspecto y trato con el paso de los años tienen más éxito económico que aquellas cuyo aspecto y estilo fluctúan en el tiempo». De la misma forma que te he animado a cuidar y desarrollar tu capital económico, cultural y relacional, para que tengas el mayor número posible de recursos en tu camino hacia el éxito y la realización personal y profesional, sería un sinsentido ignorar este cuarto capital.

¿Recuerdas el caso de Jeremy Meeks, del que se dijo que era el preso más guapo del mundo? Este es un ejemplo clarísimo de cómo nuestro juicio se nubla cuando vemos una cara bonita. En el año 2014, Meeks fue detenido por posesión ilegal de armas y pertenencia a banda armada. Sin embargo, cuando se hizo pública la foto de su ficha policial, los miles y miles de comentarios de las redes sociales, en vez de felicitar la labor de las fuerzas del orden, fueron de admiración, amor y apoyo hacia Meeks. Su largo historial delictivo, con numerosos cargos por violencia, robo, asalto…, parecía no importarle a la gente, que solo hablaba de lo escandalosamente guapo que era. Un grupo de admiradoras incluso montó un *crowdfunding* para pagar su fianza. Cuando todavía estaba en la cárcel recibió ofertas del mundo de la moda y la televisión. Y, cuando salió, solo tuvo que elegir a un buen representante. Inició una exitosa carrera como modelo; las marcas más prestigiosas se interesaron por él. Y hoy, a los cuarenta años, sigue siendo un modelo de éxito, arrasa en las redes sociales, tiene su propio canal de YouTube y aparece con regularidad en varias producciones televisivas.

No te estoy aconsejando que te lances alegremente a una carrera criminal, ¿eh? Mi consejo es que, si ya dispones de ese capital erótico, le prestes atención, lo desarrolles sin complejos, sin vergüenza, le des el valor que tiene, siempre en equilibrio con todos los demás. Si sientes que ese no es tu fuerte, puedes abordarlo desde numerosas perspectivas. El atractivo se basa en cosas más profundas que la belleza de rasgos canónicos: una actitud de seguridad, carisma, conversación inteligente, encanto en el trato, cuidado personal, aspecto saludable, elegancia en los modales, gusto en el vestir… Y eso está al alcance de cualquiera, te lo aseguro. Como mínimo, debes saber y aceptar que aquellos que lo cuidan tienen una ventaja competitiva sobre los que no.

Los hombres y mujeres que utilizan su atractivo sexual para lograr sus objetivos suelen ser objeto de opiniones despectivas. Pero, en realidad, no están sino utilizando de forma inteligente y estratégica uno de los capitales más poderosos que poseen

Nunca olvides aquello que te apasiona

Por mucho esfuerzo que debas invertir en tu plan de acción estratégico, y ya hemos dejado claro que será mucho, no dejes de lado aquello que constituye tu esencia, aquello que te hizo decidir que esta, y no otra, era la vida que querías. Sin ir más lejos, yo mismo me di cuenta hace poco de que había dejado de grabar esos vídeos en los que construía proyectos nuevos que te he comentado en un punto anterior. Ese contacto directo con mis seguidores, ese «nudismo» sin filtros, muchísimas veces sin preparación, a corazón abierto, era algo que había disfrutado intensamente. Sin embargo, las crecientes responsabilidades de ser padre de dos, de llevar una empresa con miles de clientes, de trabajar, cuidar, mantener y expandir una red de contactos, de compromisos en otros países, y de mil cosas más, habían provocado que dejaran de ser una de mis prioridades. ¡Y los echaba de menos! Me acordé de aquella conversación con el querido doctor Sam y de aquellas dos listas que me habían animado a reinventarme. Y volví a colocar esos vídeos en la lista de las cosas que quería hacer. Tan fácil como eso. Decidí retomarlos, busqué tiempo para ellos y lo encontré. Porque me hacen sentir bien.

Tus pasiones deben formar parte del ADN de tu marca personal.

Ha de ser así. Uno debe construir su vida en torno a sus sueños y poner toda la carne en el asador, pero sin olvidarse de ser un disfrutón y sin dejar de atesorar momentos que queden en el recuerdo. Cuanta más gente conozco que ha llegado a la cima, más me doy cuenta de que da igual en qué punto de su vida estén, siempre abogan por encontrar ese sano equilibrio entre lo personal, lo profesional y lo espiritual.

> La única manera de hacer un gran trabajo es amar lo que haces. Si no has encontrado todavía algo que ames, sigue buscando. No te conformes.
>
> STEVE JOBS

6

Habilidades de influencia

> Mañana querrá usted persuadir a alguien de que haga algo. Antes de hablar, haga una pausa y pregúntese: ¿cómo puedo lograr que quiera hacerlo?
>
> DALE CARNEGIE,
> *Cómo ganar amigos e influir sobre las personas*

Como he mencionado en el capítulo anterior, la marca personal es importantísima para nuestro desarrollo y progreso profesional. Se trata de un activo que perdura en el tiempo y resiste ante los cambios en la dirección de nuestros negocios. Ahora bien, es importante reconocer que TODOS poseemos una marca personal, absolutamente todos. Incluso mi suegra, Montse, tiene una marca personal. Aunque ella no la trabaje de forma estratégica ni consciente, su marca está presente.

Siguiendo la manida premisa de Jeff Bezos, quien afirmó que «La marca personal es aquello que otros dicen de ti cuando no estás presente», puedo decir que de mi suegra todos hablan maravillas. Es una persona generosa, amorosa, entregada, involucrada, sentimental y cariñosa. Montse tiene una marca personal. Ella proyecta una imagen a los demás, posee una presencia y una percepción en su entorno. No obstante, si todos tenemos una marca personal, ese no es nuestro valor diferencial. Lo que de verdad necesitamos, y lo que nos distingue, es nuestra influencia y nuestra relevancia.

Todos tenemos una marca personal, pero no todos tenemos la capacidad de influir en otros.

Y esto cambia radicalmente la situación. Ser influyente nos permite destacar, nos da poder y nos posibilita provocar un impacto profundo y auténtico en los demás. Nos convertimos en marcas RELEVANTES.

En los últimos años, he trabajado con compromiso y conciencia en comunicar y demostrar con resultados tangibles que soy una persona orientada a la acción y capaz de materializar todo (o casi todo) aquello que me propongo. Mi objetivo es que esa energía y ese valor de pasar a la acción se trasladen, contagien e impregnen en los demás, porque esto se traduce también en resultados tangibles para otras personas.

Convertirnos en una persona magnética e influyente nos otorga el poder de cambiar y transformar a personas, entornos y realidades. Puedes inspirar, motivar y dirigir a las personas hacia objetivos comunes, y te conviertes en un trampolín para el progreso, una catapulta hacia la realización. Esto, por supuesto, genera marca personal, pero en realidad es una consecuencia de la influencia.

Además, ser una persona influyente te posiciona como líder, como un «agente del cambio». Se trata de un atributo mucho más valioso que una simple imagen positiva o atractiva.

Esta misma mañana, de camino a mi oficina, ubicada en el centro de Barcelona, escuchaba un pódcast cuyo entrevistado decía entusiasmado: «Quiero ser reconocido por quien soy». Y esto es respetable y maravilloso, no seré yo quien juzgue los deseos de otras personas, pero la influencia que tengamos no solo nos permitirá ser reconocidos por quienes somos (nuestra marca), sino también por lo que somos capaces de hacer y lograr. Y esto es un valor añadido mucho más poderoso para la marca personal, ya que multiplica el impacto que puedes ejercer y te posiciona de una manera mucho más efectiva y destacada en cualquier entorno.

Resumiendo esta pequeña pero potente idea: si la marca personal es la percepción que los demás tienen de ti, lo que realmente se traduce en acción y resultados tangibles es la influencia que seas capaz de generar.

La influencia es poder

A estas alturas lo tenemos claro: para poder construir una red de contactos realmente transformadora, que te ayude a lograr tus objetivos, a llegar a donde quieras, a crecer en el plano personal, profesional y económico, debes crear, entre otras cosas, una marca personal magnética e influyente.

Pues bien, en este capítulo, lo que vamos a ver, en concreto, son las habilidades y destrezas que debes desarrollar para llevar a cabo la creación de esa marca y posicionarla de forma eficiente. Básicamente, las dos aptitudes más importantes, que tendrías que comenzar a entrenar ya mismo, son la capacidad de influir en los demás y la autoridad.

Veamos qué dice la RAE sobre estos dos términos.

- **Influencia:** Poder, valimiento, autoridad de alguien para con otra u otras personas o para intervenir en un negocio.

Persona con poder o autoridad con cuya intervención se puede obtener una ventaja, favor o beneficio.

- **Autoridad:** Prestigio y crédito que se reconoce a una persona o institución por su legitimidad, calidad y competencia en alguna materia.

Ya lo ves. Ambas cualidades generan en los demás confianza, reconocimiento y admiración. Las personas nos vemos impulsadas a creer lo que nos dice alguien experto (con autoridad) en un tema. Estamos dispuestas a escuchar sus palabras, a seguir sus consejos, a imitar sus actos, incluso a cambiar nuestras opiniones. Y el arte de la influencia es el más poderoso que existe. Ser influyentes y tener autoridad nos otorga la capacidad de provocar cambios en nuestro entorno, de dirigir recursos, de convencer a los demás.

Como me gusta decir:

La autoridad y la influencia otorgan poder.

En muchísimos sentidos. Y el poder te proporciona acceso a otras personas poderosas, atrae contactos valiosos. Y, llegados a ese punto, ya estamos hablando de *networking* al más alto nivel.

Por eso, vamos a dedicar este capítulo a descubrir cómo puedes desarrollar esas habilidades de influencia que te conviertan en una persona persuasiva, magnética, carismática, un líder capaz de expandir tu red de contactos de forma exponencial.

Modelo SIMPLE

SIMPLE es el acrónimo que designa las cualidades que debería tener cualquier persona que quiera considerarse un hacha en el arte de la influencia y la persuasión.

- **Seductora:** Una persona seductora sabe cómo apelar a la vanidad del otro y aumentar su autoestima. No hablamos de la seducción desde un punto de vista perverso, sino como la habilidad de hacer sentir bien a tu interlocutor y que valore la experiencia de pasar tiempo contigo.
- **Influyente:** No tiene nada que ver con ser manipulador. Una persona influyente aporta valor y beneficio al otro. Le da elementos, perspectivas y recursos para crecer ambos, para que su influencia le sea rentable.
- **Motivadora:** Una persona motivadora contagia ilusión, confianza y optimismo. La energía positiva mueve la rueda de la abundancia e impulsa el trabajo en equipo.
- **Persuasiva:** Una persona con habilidades comunicativas bien entrenadas, dominio del contexto social, empatía, inteligencia emocional y oratoria, es capaz de convencer mediante razones y argumentos, sin necesidad de ejercer presión y sin que el otro se sienta manipulado.
- **Líder:** Es aquella persona capaz de gestionar un equipo sacando lo mejor de cada miembro en nombre de los objetivos comunes, motivando sentimientos de pertenencia, orgullo cooperativo y satisfacción por el bien del grupo.
- **Emotiva:** Una persona verdaderamente magnética conecta con las personas, o une a otras entre sí, a través de las

emociones, apelando a los intereses y pasiones comunes, buscando la satisfacción personal al mismo nivel que la profesional.

Convertirte en esta persona SIMPLE, con la que todos quieran pasar tiempo, escuchar sus propuestas y recomendarla en sus núcleos de influencia, es posible. De hecho, es el resultado inevitable de desarrollar y ejercitar las habilidades que veremos a continuación.

Poder y persuasión ética

Antes de comenzar a ofrecerte pautas y *hacks* con los que desarrollar esas habilidades de influencia, quiero hacer un inciso para diferenciar el poder relacionado con el autoritarismo de la verdadera autoridad, basada en la persuasión ética.

Generar autoridad no significa ser autoritario. Esto quiero que quede bien claro porque nada tiene que ver una cosa con la otra, al menos como yo lo planteo. Ser influyente, seductor, con capacidad de persuadir y convencer a los demás son características de un líder y otorgan poder a aquellos que consiguen dominarlas. Obviamente, lo que hagas con ese poder dependerá de tu calidad como persona.

Las buenas personas utilizan su autoridad siempre con el objetivo de un bien común.

Para muchos, la palabra «poder» puede parecer una reliquia del pasado, con connotaciones malvadas y antisociales. Hablamos de poder y pensamos en dictadores, reyes, tiburones de Wall Street... Sin embargo, el juego del poder existe a todos los niveles. En las relaciones afectivas, laborales, de amistad. Cuando uno quiere algo, tiene que convencer a otros para que lleven a cabo ciertas acciones. Esto no es malo, es natural. Un bebé llora para que sus padres acudan a su habitación. Ha descubierto que ese es su poder. Así funcionamos las personas —y, por ende, también las sociedades— desde nuestros más tempranos inicios.

> Si no se puede escapar del juego del poder, es mejor ser un experto que negar su existencia o ser un torpe.
>
> ROBERT GREENE,
> *Las 48 leyes del poder*

Pero cuando hablo de persuasión ética, me refiero a convencer a los demás de forma honesta y clara para que te ayuden a lograr tus objetivos. Sin tapujos, sin coacción ni presión, ofreciendo pactos y acuerdos justos y transparentes, seduciendo, motivando y conectando con las emociones del otro, y siempre con el propósito bien definido sobre la mesa.

El verdadero poder es que los demás QUIERAN ayudarte a lograr tus objetivos.

Solo de esta manera, los resultados a largo plazo serán firmes y duraderos.

El poder es un juego psicológico. Para dominar sus reglas hay que estudiar y entender a las personas. Hay que conocer las motivaciones profundas que mueven las acciones de la gente.

Muchas veces te habrás preguntado por qué esa persona tiene más *engagement* con su audiencia si su contenido es peor que el tuyo, o por qué la propuesta de aquel compañero ha llamado la atención del jefe, si la tuya era más beneficiosa para la empresa. La razón de que esto suceda, seguramente, está en las habilidades de influencia de esas personas, lo que les ha otorgado una marca personal magnética, autoridad, poder y un *networking* mucho más eficaz.

Pero tú también puedes hacerlo. Solo se trata de que aprendas a codificar cómo las personas evalúan la información y toman decisiones. Si entiendes la psique por la cual una propuesta parece interesante a los demás y otra no, tendrás más posibilidades de ser escuchado, de generar ese vínculo.

E insisto: las normas de la ética son igual de aplicables al arte de la influencia que a cualquier otra disciplina o ámbito.

Conseguir el apoyo de alguien o sus contactos con trampas o palabrería hueca, aparte de ser moralmente reprobable, es un error práctico.

Las estrategias engañosas o coercitivas solo tienen efecto a corto plazo. Si te presiono día tras día para que me des un contacto, y acabas cediendo solo por aburrimiento, lo único que conseguiré es que avises por detrás a ese contacto tuyo de que no me haga mucho caso. O si consigo comer contigo porque te he prometido hablar de un proyecto que luego solo era una excusa para hablarte de otro… seguramente me cueste muchísimo que vuelvas a concederme tu tiempo. Como ves, los efectos a medio y largo plazo son devastadores.

Las habilidades de influencia aplicadas con honestidad crean vínculos reales porque descubren afinidades auténticas, transmiten información verdadera y de alto impacto, y propician compromisos libres y decisiones informadas.

Y es que, como hemos dicho en multitud de ocasiones, el *networking* debe cimentarse en relaciones de confianza, ya que estas son las que verdaderamente impulsan el crecimiento y la abundancia en ambas partes.

> Etimológicamente, la palabra «convencer» viene del latín *convincere*, que significa «ganar juntos», ¡el *win-win* de los americanos! Si la persona de enfrente no se siente equilibrada con el acuerdo que tu ejercicio de influencia quiere alcanzar, no vas a obtener buenos resultados.
>
> PEDRO FERNÁNDEZ,
> director de comunicación y sostenibilidad
> de Coca-Cola España

Entender a los demás para poder influir en ellos

Ya hemos visto que, para influir en los demás, primero debemos entender cómo piensan las personas y cómo funcionan las dinámicas tanto internas como sociales que mueven sus acciones e intereses.

Voy a explicarte cuáles son estas dinámicas, al menos las principales, y, en función de ellas, veremos las actitudes, las habilidades y los recursos que deberás desarrollar para conseguir que todo este conocimiento y comprensión jueguen a favor de tus objetivos.

La dinámica de la simpatía

Te caen bien las personas a las que caes bien y con las que compartes afinidades. Esta información puede parecer algo simplista, pero con que lo pienses un poco verás que es muy acertada. Sobre todo cuando estás comenzando a crear un vínculo, esta dinámica se da prácticamente en el cien por cien de las ocasiones.

Obviamente, a medida que una relación avanza, necesitamos muchas más cosas para estar a gusto con alguien que ser de su agrado o compartir algún hobby. Pero, en un primer encuentro, si esa persona a la que te acaban de presentar te expresa admiración y reconocimiento y, además, es de tu equipo de fútbol (por ejemplo), cumple años el mismo día que tú, o su hijo se llama igual que el tuyo, de forma automática estarás predispuesto a valorarla más positivamente. Así funciona la psicología humana, y debemos aprovecharla a la hora de hacer *networking*.

Si quieres influir, debes caer bien.
Y la forma más fácil de caer bien es el elogio y la afinidad.

El elogio seduce. Tus comentarios positivos sobre las características o aptitudes de la otra persona despertarán la simpatía de esta hacia ti y la inclinarán, de manera inevitable, a escuchar tus peticiones con más interés y ánimo colaborador.

Eso sí, por favor, no seas hipócrita, debes elogiar con honestidad. Esfuérzate en encontrar algo en el otro que puedas admirar con sinceridad. Siempre lo hay.

¿CÓMO LO HAGO YO? Pues intento buscar ese algo que, honestamente, pueda elogiar. Algún logro profesional, o su gusto en el vestir, o alguna intervención pública que escuché hace poco. Y hago un comentario elogioso sobre eso, pero, ¡y esto es esencial!, dejando claro que lo admiro porque ambos compartimos valores en ese tema. Con eso consigo crear, inevitablemente, un vínculo muy positivo desde el primer momento.

Otra estrategia es descubrir un campo de afinidad. La afinidad acerca a las personas, literalmente. Un estudio publicado en 1968 en la revista *Journal of Personality* demostró que los participantes de un experimento se sentaban más cerca cuando averiguaban que compartían convicciones, valores o aficiones comunes. Puede ser cualquier cosa que os apasione a ambos: un tenista favorito, la última serie de moda, el pádel, un género musical, el activismo ecológico… Pero en esto, como en el elogio, debes ser sincero.

Un *hack* importante es que, si estás en un evento donde se fomentan las relaciones entre personas, o en cualquier situación social, debes establecer ese vínculo de afinidad pronto (mejor si lo traes preparado de casa) para que la atmósfera de buena voluntad y simpatía se implante cuanto antes y pueda hacer sus efectos a lo largo de todo el encuentro.

Tampoco se trata de ir repartiendo elogios sin ton ni son, o forzando afinidades a la desesperada. El pensamiento crítico debe siempre estar presente, y dentro de tu plan estratégico es tan importante hacer lo que debes hacer como evitar aquello que sin duda no te vale la pena.

Y lo que no te llevará a nada, por ejemplo, es elogiar con insistencia a esa persona a la que no le has caído en gracia. O buscar una pasión común con alguien cuya marca personal está alejadísima de tus intereses. En estos casos, si ese vínculo es realmente importante para tu proyecto, deberás buscar otra estrategia, como procurarte un conector que te haga de puente, trabajar la reciprocidad con algún favor, regalo o desembolsar una cantidad de dinero para contratarlo...

Pero lo más importante es que valores y juzgues el coste de tus acciones en función de tus objetivos. La vida es corta, las oportunidades escasas y la energía limitada. Y no puedes caer bien a todo el mundo. Una cosa es trabajar estratégicamente para derribar las barreras que el *networking* conlleva de manera natural, y otra es desperdiciar tus recursos con gente que no te suma.

La dinámica de la reciprocidad

Damos lo que recibimos. Las personas tendemos a tratar a los demás de la misma forma en la que nos tratan. Así funciona la psicología humana universal. Si recibimos elogios y energía positiva, nos sentimos impulsados a devolverlos. Y si nos hacen un favor, nos sentimos en deuda.

Esto es un sesgo cognitivo, exactamente igual que el efecto halo, del que ya hemos hablado. Los sesgos cognitivos son atajos mentales que nuestro cerebro utiliza para facilitarnos la toma de decisiones en nuestra vida cotidiana. Debes saber que nuestro cerebro es «vago» por naturaleza, y que trata de ahorrar energía a lo largo del día para cosas más importantes, como la supervivencia. Seguramente, esto tenía más sentido en nuestros ancestros, que debían estar alerta a peligros continuos e inesperados, como el ataque de un mamut, y por eso, necesitaban evitar que su atención estuviera ocupada en nimiedades. Pero el caso es que nuestra mente sigue funcionando igual hoy en día y realiza continuas interpretaciones sistemáticas de la información que recibe. Es decir, vamos por la vida con el piloto automático.

La naturaleza instintiva de los sesgos provoca, pues, que no seamos conscientes de ellos, pero te aseguro que estas interpretaciones distorsionadas de la realidad condicionan muchos de nuestros comportamientos, tanto a nivel personal como a nivel de consumidores.

Tenemos, por ejemplo, el sesgo de la familiaridad, que se produce porque nos gustan y atraen más aquellas personas que poseen comportamientos y rasgos similares a los nuestros, tal y como hemos visto en la dinámica anterior. Es decir, aceptamos y nos relacionamos mejor con personas que son «como nosotros», porque nos sentimos identificados. Y este mismo sesgo, también influiría en la siguiente dinámica, la de la aprobación social, que veremos a continuación. En general, se han identificado más de doscientos sesgos cognitivos, y los especialistas en marketing tienen muy claro cuáles son aquellos que pueden ayudarlos a vender mejor.

El sesgo de reciprocidad, en concreto, es uno de los más poderosos, y es aquel que nos hace sentirnos en deuda con aquellas personas que nos han hecho un favor o nos han ayudado cuando lo necesitábamos. Es un principio de influencia supereficaz, ya que nos hace estar mucho más predispuestos a devolver ese favor de manera casi inconsciente. Es como si nos sintiésemos obligados a hacerlo. Por ejemplo, cuando te ofrecen un licor gratis al final de la comida, el restaurante se está asegurando no solo que vuelvas, sino que dejes una propina mucho más alta, pues, como cliente, te sientes obligado a corresponder de algún modo.

Robert Cialdini, profesor emérito de Psicología y Marketing de la Universidad Estatal de Arizona y autor superventas de *The New York Times* con su libro *Influencia: La psicología de la persuasión*, publicado en 1984, se dedicó a investigar durante tres años mediante experimentos reales para conseguir datos veraces del impacto de los sesgos cognitivos en el arte de la persuasión, que luego expuso en su obra, donde explica, con rigor científico y sencillez, «cómo provocar en las personas la respuesta deseada y cómo protegerse ante intentos poco éticos de persuasión».

Entre las numerosas pruebas expuestas, Cialdini describe, por ejemplo, la historia del gerente de un supermercado que vendió casi quinientos kilos de queso en pocas horas mediante la simple estrategia de invitar a sus clientes a cortar porciones para ellos mismos como muestra gratuita.

Ya lo ves, el sesgo de reciprocidad dirige las dinámicas que hay detrás de las campañas comerciales con regalos, que está más que documentado que funcionan. El cliente se muestra más dispuesto a comprar productos o servicios a los proveedores que tienen algún detalle que a los que no. Por eso los talleres, *masterclasses* y demás contenido gratuito de calidad que los emprendedores ofrecemos a través de las redes son tan eficientes para lograr el compromiso de nuestros seguidores.

Cuando quieras crear un vínculo con alguien, abordar esa relación con generosidad, ofreciendo valor y beneficios sin pedir nada a cambio, puede ser una forma muy poderosa de persuasión, pues esa persona se sentirá en deuda contigo y lograrás influir más fácilmente en sus decisiones para fomentar una futura relación productiva en ambos sentidos.

La dinámica de la aprobación social

Seguimos el ejemplo de aquellos con los que nos sentimos identificados. A la hora de tomar una decisión, nos da tranquilidad comprobar qué han decidido otras personas similares a nosotros. Si la comunidad del edificio propone una derrama para alguna mejora, nos gustará saber la opinión de los vecinos de nuestra misma planta, y más aún si coincidimos en edad o estructura familiar.

La persuasión entre iguales es muy eficaz.

Un líder verdaderamente listo, cuando quiere implementar algún cambio en la dinámica de su equipo, delegará en aquellos subalternos que ya estén convencidos la tarea de convencer al resto de sus compañeros.

Por ello, en ocasiones, para convencer a alguien de que te apoye en un proyecto, te pase un contacto determinado o te recomiende a los suyos, la forma más rápida de generar ese vínculo es a través de otra persona de su núcleo de influencia que esté a su mismo nivel y que pueda tener interés en tu causa. El testimonio favorable de esta tercera persona a la que tu contacto objetivo considera un igual será mucho más eficaz que toda tu pasión e insistencia.

Más allá de la figura del «conector» o «puente», que siempre debes tener localizada en tu agenda para ciertos movimientos estratégicos (más adelante veremos cómo clasificar los contactos de tu agenda), el hecho de que sean los demás los que hablen de nosotros siempre tendrá un impacto mucho más poderoso que todo lo que podamos decir de nosotros mismos. Cualquier acción que emprendas en ese sentido, dirigida a generar testimonios positivos sobre tu persona, potenciará tu marca personal y elevará tu agenda a cotas altísimas.

Personalmente lo experimenté cuando publiqué *Dinerograma*,

y el gran número de críticas elogiosas y la vitalidad del libro provocaron una avalancha de interés en mi persona y en mis negocios. Y cada vez que comparto en mis redes las opiniones entusiastas de mis clientes veo cómo aumentan de manera exponencial las solicitudes de información o ingreso en el club, por ejemplo.

La dinámica del compromiso explícito

Las personas son más fieles a compromisos que se han concretado, escrito o verbalizado con claridad. Dejar caer frases como las siguientes no lleva a nada: «Me ha parecido interesante, le daré alguna vuelta», «Creo que tu propuesta podría encajar, tenemos que hablarlo», «La semana que viene lo miro con calma y te digo algo». Sobre todo si han surgido en el contexto de una conversación privada, sin testigos y en un encuentro casual (de los de vinito y jamón gratis), esas respuestas, aunque se hayan hecho dicho con sinceridad, no comprometen a nada. Piensa que las personas a las que quieres acceder suelen estar muy ocupadas, reciben miles de propuestas, y si no realizas un seguimiento y buscas concretar ese compromiso de alguna forma, la tuya se perderá como el wifi en un sótano.

¿CÓMO LO HAGO YO? Buscar testigos siempre es una buena opción. A las personas les cuesta mucho más desdecirse de algo cuando lo han expresado en público que si lo han hecho en privado. Por ejemplo, si alguna de las frases anteriores se ha pronunciado durante una dinámica de *networking* en una conversación entre dos personas, intento sacar el tema en otro momento del encuentro, durante una conversación grupal en la que, obviamente, esté mi contacto objetivo. Si consigo que este vuelva a manifestar su interés delante de los demás, entonces sé que tengo más que asegurado su compromiso.

Por supuesto, siempre, siempre, debes realizar un seguimiento de ese contacto en algún momento de los días posteriores. Un simple mail, en el que expreses lo agradable que fue la charla, y lo feliz que te hace el interés que manifestó en tu proyecto, es indispensable. Y deberías proponerle ya algunas fechas para seguir hablando del tema.

Eso sí. Nunca olvides que el compromiso debe ser libre y voluntario. Evita la coacción, la presión o la «persecución». Si después de ese mail no recibes respuesta, puedes dejar pasar un tiempo prudencial y probar con un segundo. Ese es el límite. Si sigue sin contestarte, es evidente que no estaba tan interesado como dio a entender. Deberás, entonces, buscar otra estrategia más adelante. Conviértete en una persona más atractiva para el otro y vuelve a intentarlo en un futuro próximo.

El compromiso debe nacer de los deseos del otro, no de tu insistencia. Otra cosa es que luego tú te ocupes de que la cosa no quede en el aire, y pongas la intención y el seguimiento necesarios para cerrar el círculo y darle continuidad.

La dinámica de la autoridad

La gente sigue la opinión de los expertos. Otra dinámica básica de la psicología humana: cuando tenemos dudas sobre qué hacer, las indicaciones de un experto son como un faro en la noche, raramente las ponemos en tela de juicio.

Y esto, cómo no, está basado en otro sesgo cognitivo. Tendemos a otorgar un mayor grado de credibilidad a las opiniones de personas que para nosotros son una figura de gran reputación. Nos dejamos influenciar por sus palabras o actos casi sin pensarlo, y tomamos decisiones en función de sus recomendaciones sin cuestionarnos si están en lo cierto o, incluso, si es lo que verdaderamente deseamos. De nuevo, es una forma inconsciente del cerebro de ahorrar energía con búsquedas e investigaciones. «Si esta persona que sabe más que yo lo dice, será verdad o será bueno para mí».

El problema es que los demás no siempre conocen *nuestro* valor como expertos. Si vas a un evento en calidad de ponente, por ejemplo, ahí no habrá problema, ya que contarás con publicidad y una presentación previa. Pero si estás como simple asistente, no todo el mundo tiene por qué saber quién eres. Y el problema de hacer visibles tus conocimientos es que choca de frente con algo que debes evitar a toda costa: el lenguaje autorreferencial.

¿CÓMO LO HAGO YO? Un poco más adelante, en las habilidades comunicativas, te enseñaré algunos trucos para que puedas dejar patente tu dominio sobre algún tema de manera sutil, poniendo siempre el foco en el otro.

Pero, más allá de los eventos presenciales, es indispensable que tus conocimientos sean de dominio público, ya que eso forma parte de tu marca personal, y que uses todos los recursos que tengas para transmitirlos. Aquí te dejo algunos de los que a mí me han dado mejores resultados:

- Utiliza tu libro como palanca para llegar a personas referentes.
- Acude a pódcast, conviértete en aquella persona que quieran invitar.

- Consigue entrevistas en diversos medios. Baraja la opción de invertir para aumentar tu visibilidad.
- Ten una página web con una biografía siempre actualizada.
- Mantén siempre activa una *newsletter*, un canal de YouTube, una cuenta en alguna red social, etcétera.

Utiliza diferentes canales para transmitir a los demás tu maestría, tu *expertise*, tus nuevos aprendizajes, tus inquietudes, tus investigaciones o estudios, todo lo que te posicione como un experto con autoridad. Esta revelación hará que la gente confíe en tu criterio y que puedas influir en los demás.

La dinámica de la exclusividad

La gente desea con más fuerza aquello que es escaso. Cuanto más cuesta conseguir algo, más valor se le atribuye. De ahí que, muchas veces, para lograr un pacto o un acuerdo, resulte muy eficaz incidir en la exclusividad de la propuesta. Nadie quiere perderse la oportunidad de obtener algo exclusivo.

De hecho, el sentimiento de pérdida es mucho más poderoso que el de ganancia a la hora de ponerse en acción. Y aquí entra en juego otro sesgo cognitivo: la aversión a la pérdida. Somos mucho más prudentes ante la posibilidad de perder dinero que ante la de ganar la misma cantidad. De hecho, preferimos dejar pasar un beneficio económico si con eso evitamos el riesgo de una pérdida. Esto se debe a que el miedo o la angustia que sentimos ante esa posible pérdida son infinitamente mayores que la satisfacción por la posible ganancia, aunque esta sea igual o superior. Otra vez, la pereza del cerebro nos juega una mala pasada. Está intentando evitarnos estrés e incertidumbre, para tenernos bien descansados y alertas por si aparece ese furioso mamut. Y eso hace que nos aferremos a lo seguro, a nuestra zona de confort.

Utilizar ese miedo a la pérdida es un arma poderosísima de marketing. Por ejemplo, seguro que te convenceré más fácilmente para que contrates los servicios de un *personal brander* si te demuestro la desventaja competitiva que te supone no tenerlo, o las pérdidas económicas en términos de ventas, que si intento enumerarte los beneficios. No me cabe duda.

Si tu contacto tiene claro todo lo que va a perderse al dejar pasar esta oportunidad única e irrepetible, te será mucho más fácil influir en su toma de decisiones.

Una obviedad: tu propuesta, la información que le ofrezcas... debe ser exclusiva de verdad. No puede estar al alcance de todo el mundo. Si solo le has dado esa pátina de «oportunidad única» para «enredarlo» e impulsarlo a que entre en acción, recuerda que acabará jugando en tu contra. No seas cutre, por favor. Ante todo, honestidad.

Como has podido comprobar, existe una gran multitud de sesgos cognitivos que nos afectan de una manera tan inconsciente como transcendental. Las marcas más influyentes tienen clarísimo cómo utilizar ese *neuromarketing* de la forma más efectiva (y no te quepa duda de que lo hacen). Ha llegado el momento de que tú también aprendas a usar estos mecanismos mentales y los apliques en la creación de tu marca personal y en tus técnicas de *networking*. Solo así lograrás convertirte en un auténtico núcleo de influencia, esa persona magnética que, aportando un alto valor a sus contactos, provoca, a cambio, que estos «deseen» catapultarla hacia sus objetivos.

Habilidades de comunicación

Saber comunicarte de un modo empático, carismático y persuasivo es indispensable si quieres crear vínculos de calidad. Por mucho que te sepas al dedillo todas las dinámicas que acabo de exponer y que comprendas la psicología humana y los principios que rigen la capacidad de influir en los demás, no podrás convencer a nadie de nada, ni llevar a cabo de manera eficiente un *networking* estratégico si te fallan las habilidades de comunicación.

La comunicación eficiente abarca desde la comunicación interpersonal hasta la habilidad de hablar en público, pasando por las tácticas de negociación y muchos aspectos más. En términos generales, podríamos decir que algunas de las habilidades comunicativas más importantes son las siguientes (hay más, y este listado puede variar mucho según la escuela):

- Escucha activa
- Empatía
- Feedback emocional
- Lenguaje no verbal
- Gestión de conflictos
- Riqueza léxica
- Comprensión lectora
- Adaptabilidad
- Capacidad de persuasión
- Destreza esquemática
- ...

De cualquier modo, se trata de una disciplina fascinante que precisa de un abordaje profundo. Por fortuna, hay infinidad de libros escritos por grandes expertos, y también puedes encontrar muchos canales dedicados a este tipo de formación. Aquí te dejo algunas recomendaciones top que seguro te ayudarán: *El método Bravo*, de Mónica Galán Bravo; *El camino fácil y rápido para hablar eficazmente*, de Dale Carnegie; *Charlas TED* de Chris Anderson. Te recomiendo encarecidamente que te tomes en serio esta asignatura y que la conviertas en uno de los puntos clave de tu plan de acción. Insisto, lee libros, contrata a mentores, apúntate a formaciones… pero invierte en este apartado.

Por mi parte, lo que voy a hacer es proporcionarte algunos *tips* muy concretos y prácticos que me han servido para mejorar mi red de contactos. Te sorprendería saber que, hace algunos años, yo no me sentía tan cómodo como ahora hablando en público o socializando en un evento. Ha sido un camino de aprendizaje, de formación, de marcarme retos, de colocarme yo mismo en situaciones que me incomodaran pero que me acercaban a mis objetivos y de aprender con muchísima humildad de mis errores.

No te desanimes si te consideras una persona con dificultades para comunicarte, de esas a las que les sudan las manos cuando han de dar un discurso, o se hacen «pequeñitas» cuando tienen que presentarse a gente nueva en un evento, por lo que acaban solas en un rincón. Insisto que en muchos momentos yo me he sentido así. Y te cuento un secreto casi inconfesable: en ocasiones me sigue pasando.

Aunque hay cierta predisposición de carácter, nadie nace experto. La comunicación, igual que otras competencias o habilidades, se puede aprender y ejercitar.

Uno de mis primeros consejos es que, a partir de ahora, te fijes mucho en la forma de hablar de los comunicadores a los que admiras. Observa y estudia todos los aspectos por los que te transmiten seguridad y credibilidad: su postura corporal, sus gestos, sus inflexiones, sus pausas... ¿A qué se debe que su discurso desprenda tanta veracidad? ¿Por qué resultan tan convincentes? ¿Por qué ese vídeo en Instagram de esa persona hablando captó tu atención al instante y consiguió que detuvieras el *scroll*? ¿Por qué ese invitado que tomó la palabra en aquella reunión consiguió, sin levantar la voz, que todo el mundo, incluso las mesas vecinas, dejaran sus conversaciones para escucharlo?

El análisis y la imitación son una buena técnica de aprendizaje, pero solo al principio, cuando te encuentres en la fase de entrenamiento. Puedes ir probando diferentes recursos, quedándote con aquellos con los que te identifiques y descartando otros que sientas más impostados. Haz tuyo lo aprendido, dale tu toque especial y, a medida que ganes confianza y seguridad, atrévete a innovar y a experimentar, hasta que encuentres una identidad comunicativa propia, ese modo de expresarte que te haga único y especial, que conecte con tu audiencia, que deje huella en tu interlocutor.

Toma el control de la conversación

Tener en tus manos el control de una conversación no significa llevar la voz cantante. Significa saber dirigir las emociones del otro para que se muestre interesado en ti de forma orgánica y natural, sin forzar ese interés con información no requerida. De hecho, puedes ser el que controle la conversación y, al mismo tiempo, ser el que menos hable, como un director de orquesta.

Cuando en una reunión te encuentras con un interlocutor que ostenta poder posicional, es decir, que está en un nivel profesional superior o un estatus más elevado, es muy probable que a esa persona le guste hablar de sí mismo, dirigir la conversación, ejercer su derecho de elegir los temas, y que, además, no lleve bien lo de ser interrumpida.

Cuando te enfrentas a un interlocutor con poder posicional, y no llevas bien entrenadas tus habilidades de comunicación, puede suceder que no seas capaz de dirigir la conversación a los objetivos que de verdad te interesan.

¿CÓMO LO HAGO YO? Cuestionar la autoridad posicional y lograr el control de la conversación puede ser complicado si no sabes cómo. A continuación voy a darte tres herramientas para tomar el control que a mí me resultan de gran eficacia, y que puedes utilizar por separado o combinadas entre sí para que tu capacidad de influencia se dispare en cualquier situación.

La emoción. Cuando apelas a las emociones del otro, cuando lo que dices conecta en el plano emocional con tu audiencia, logras contrarrestar la autoridad posicional de cualquiera. Bastará con que saques un tema que conecte con las pasiones o afinidades que hayas detectado para que, de inmediato, te conviertas en el centro de atención. Es preferible que lo hagas si posees ciertos conocimientos y puedes aportar algún dato interesante. Si estás en una mesa donde todos juegan al pádel, pero tú no tienes ni idea, no vas a conseguir nada sacando ese tema. Ahora bien, si sabes lo suficiente para, al menos, hacer preguntas inteligentes, adelante.

Si, además, cedes ese foco de atención que has ganado, haciendo partícipe al líder (preguntándole directamente su opinión, validando su criterio), lograrás su simpatía y respeto. Es un momento perfecto para introducir de manera sutil esa información que favorezca el vínculo que estás buscando. Quizá un socio tuyo juega al pádel... ideal para hablar brevemente de tu empresa.

Los conocimientos. Como hemos dicho antes, la voz de un experto tiene una gran autoridad. A veces, basta con que tu fama te preceda para que te escuchen. Pero, otras veces, no es suficiente para eclipsar al poder posicional, sobre todo si tus habilidades de comunicación no están a la altura de tus conocimientos.

Ahora bien, si combinas emoción y conocimientos, es decir, si hablas con pasión de lo que sabes y transmites esa pasión a los demás, te resultará más fácil que todos bailen al son de tus indicaciones, como buen director de orquesta.

El lenguaje no verbal. La conversación es un baile, un juego entre dos o más personas, donde el cuerpo, el rostro y la gestualidad tienen una gran importancia. Dominar las señales visuales, los mensajes que transmites con tu cabeza, tu postura, tus manos, tu forma de escuchar, puede darte una ventaja importante respecto a aquellos que no cuidan estos aspectos.

Conozco genios de la comunicación no verbal (a los que me encanta observar en plena acción y aprender de ellos) que, sin tener ni poder posicional, ni grandes conocimientos sobre un tema concreto, y sin necesidad de aludir a las pasiones o las emociones, acaban tomando el control de una conversación gracias únicamente a su maestría en el dominio de las señales no verbales y mediante el uso de los tiempos, el tono y los silencios.

Recuerdo una gala de unos premios a la que me invitó una muy buena amiga. En nuestra mesa había varios directivos y empresarios de alto nivel. Uno de ellos, quizá el que ostentaba menos autoridad a nivel de marca personal o de estatus, permaneció callado mucho tiempo. Era el más joven, llevaba unas gafitas de montura metálica con las me recordaba a John Lennon, y supe después que se llamaba Alan. Me encantaba observarlo porque se limitaba a escuchar tranquilamente, mientras uno de los otros ejecutivos se dedicaba a exponer una teoría sobre ventas y marketing digital con mucha pasión y un gran alarde de conocimientos. La verdad es que nos tenía al resto de los comensales bastante impresionados (incluso intimidados), ya que era muy vehemente, y también porque el historial de éxitos de su empresa le abalaba, todo sea dicho. Como para toserle. Pero, de pronto, durante una de las pausas que hizo para tomar aliento, se oyó una vocecilla algo aguda.

—No estoy de acuerdo...

Silencio. Todos se volvieron hacia Alan, que era el que había pronunciado aquella frase.

Parecía la introducción a alguna opinión más extensa, así que todos quedamos a la espera de que terminara su argumento, sin apartar la vista de él. Pero no dijo nada más. Alan aguantó el silencio como un campeón, mirando a todos a los ojos, con serenidad y una sonrisa educada en el rostro. Hasta que el tipo reaccionó después de buscar la mirada del resto de los presentes y le preguntó:

—¿En qué no estás de acuerdo?

Y entonces Alan tiró de humor con un breve comentario y

luego ya comenzó a explicar sus dudas sobre esa teoría, basadas en su propia experiencia con su *startup*. Lo hizo de forma humilde, pidiendo la opinión del líder en todo momento, pero dejando claro, también, que su método alternativo le había funcionado sorprendentemente bien. Por cierto, hablaba en un tono tan bajo que nos obligó a todos a inclinarnos hacia él para poder escucharlo. De vez en cuando, en los momentos más emocionantes, el muy astuto hacía alguna pausa para beber. Y después fingía haber perdido el hilo, lo que provocaba que alguien le recondujera, resumiendo o recordándole su último punto. A los pocos minutos, yo ya había comprendido la genialidad de mi gran amigo Alan (no lo era por aquel entonces, pero cuando me levanté de la mesa ya me ocupé de ir a hablarle e intercambiar contactos).

Con un solo movimiento digno del mejor ajedrecista, Alan había conseguido que el líder de la mesa le cediera la palabra, que el resto nos inclináramos ávidos para escuchar lo que tenía que decir y que nuestra atención no decayera en ningún momento. ¡Un espectáculo!

Y eso, como todo en la vida, es algo que puedes aprender.

Olvida el lenguaje autorreferencial

Ya he incidido en esto antes, pero quiero ampliarlo todavía un poco más y ofrecerte varios ejemplos, porque no te imaginas lo importante que es. Se trata, además, del principal error que cometen los novatos del *networking* y las personas que desconocen cómo funcionamos como humanos. Por favor, cuando te presenten o te presentes a alguien, sobre todo si ese alguien es un contacto que te interesa para tu red, alguien en una posición superior al que quieres acceder, al que quieres convencer... no te pongas a hablar impetuosamente de ti.

Tú no eres tan importante. Conecta con el otro.

No seas arrogante y cansino. A las personas exitosas les suele encantar hablar de sí mismas, sus empresas o el impacto que están ejerciendo en terceras personas, por eso los verás a menudo acudiendo a pódcast o atendiendo a entrevistas. Porque les encanta compartir sus logros, se sienten orgullosos. Aprovéchalo. Lo que tienes que hacer es darles ese espacio para poder desarrollar su discurso. Formula preguntas inteligentes, muéstrate interesado, consigue que esa persona se sienta a gusto teniéndote cerca y sea ella la que se interese por ti.

> Recuerde que la persona con quien habla usted está cien veces más interesada en sí misma y en sus necesidades y problemas, que en usted y sus problemas.
>
> DALE CARNEGIE,
> *Cómo ganar amigos e influir sobre las personas*

Obviamente, los eventos donde se potencia el *networking* son una oportunidad para que puedas transmitir tus conocimientos y autoridad, para hacerte valer y obtener la atención de los contactos que te interesan. Pero debes aprovechar esa oportunidad de forma inteligente y sutil, sin forzarla, con estrategia, mediante la escucha activa, el elogio y las preguntas informadas. Recuerda, es un juego psicológico, de astucia.

¿CÓMO LO HAGO YO? Encuentra el momento oportuno para introducir los datos que te hagan interesante, sin que resulte antinatural o pedante. Aquí van algunos ejemplos de técnicas y *tips* para venderte sin que se note que suelo utilizar yo:

- Contar una anécdota divertida que incluya a contactos que la otra persona conoce y respeta, y que demuestre lo bien relacionado que estás.
- Pedir opinión sobre algo en lo que la otra persona te puede asesorar desde su experiencia. Muestra respeto y admiración, pero deja clara tu valía. Te pongo un ejemplo propio de un encuentro reciente con un gran empresario valenciano en un evento de *networking* en su ciudad: «Oye, David, ¿cómo crees que debería encarar la expansión al mercado digital norteamericano de habla hispana? Admiro mucho tu modelo de negocio..., lo vengo siguiendo hace tiempo, he visto todos los entrenamientos y lo he estudiado a fondo. Me estoy planteando rescatar algunas acciones que me funcionaron de maravilla en el pasado aquí, pero me gustaría saber tu opinión sobre el tema de Estados Unidos...».
- Insertar pequeñas introducciones para ir dibujando tu currículum pero sin apartar el foco de tu interlocutor. «¡Te entiendo! Cuando estuve estudiando el máster en gestión empresarial en Londres me pasó algo muy parecido a lo que acabas de contar. ¡Ojalá hubiera tenido tu experiencia para poder resolverlo mejor! Me parece brillante el enfoque que le diste».
- Mostrar un toque de admiración está muy bien, pero no olvides el respeto hacia ti mismo. ¡No vayas de *groupie* como si el otro fuera una estrella del rock! Ni te muestres demasiado deslumbrado. El otro día almorzaba con un

gran amigo que llevaba un Pattek Phillipe de más de ciento cuarenta mil euros en la muñeca. Le dije: «Ahora solo me queda averiguar dónde están las otras 1.999 unidades que hay en todo el mundo de esta serie limitada...». Se rio, se sintió halagado por que me hubiera dado cuenta de su poder adquisitivo, pero también dejé claro que me muevo en círculos donde estos lujos, aunque no a mi alcance (todavía), me resultan tan habituales como para tener información privilegiada.

Para conectar con otra persona es preciso que abandones tu egocentrismo. Focalízate en la persona que quieres tener como contacto, muéstrale tu interés. Pero deja impresa en su memoria tu marca personal. Deja huella.

Segundo paso concluido...

Los puntos de tu red para impulsar tu marca

- ✓ Tu marca personal habla DE TI, de tus gustos, valores y pasiones. Es la imagen que proyectas a los demás para lograr tus objetivos profesionales.
- ✓ Las personas quieren hacer negocios con personas. Los clientes conectan con la persona que hay detrás del producto o servicio a través de las emociones.
- ✓ Cuando estás construyendo una red de contactos, tu marca personal es tu mejor tarjeta de visita. Es el *curriculum vitae* del siglo XXI.
- ✓ Tu marca personal debe estar construida desde la autenticidad y la transparencia.
- ✓ Los tres pilares del *personal branding* son: autoconocimiento, estrategia y comunicación.
- ✓ Antes de conectar con otros, conecta contigo mismo.
- ✓ Hazte las preguntas adecuadas. ¿Qué vida quieres? Descubre tus pasiones. Diseña una estrategia para convertirlas en tu trabajo y monetizarlas con éxito.
- ✓ El valor se construye. Comienza aportando cosas simples, pero con un alto grado de energía positiva y esfuerzo. Es mejor ser excelente en algo simple que mediocre en algo ambicioso
- ✓ Eleva tus estándares continuamente. Invierte recursos, dinero y tiempo en tu formación y en tu red de contactos. Sé generoso.
- ✓ El arte de la influencia es un juego psicológico. Estudia la mente de las personas para aprender las bases de la persuasión ética.
- ✓ Desarrolla y ejercita tus habilidades de comunicación. Olvida el lenguaje autorreferencial. Pon el foco en la persona con la que quieres conectar.

TERCER PASO
Acciona

Hablemos de
TU PLAN ESTRATÉGICO DE ACCIÓN

Ya tienes claro cuáles son tus habilidades, dónde vas a ejercer un impacto y qué vida deseas vivir. También sabes cuál es tu punto de partida. Pues bien, la distancia que separa ambas realidades es la brecha que debes saltar. Y para eso necesitas un plan de acción.

Tú puedes saltar esa brecha, igual que lo hice yo. E insisto en que no es necesario que seas un gran emprendedor o un empresario de alto nivel. Tanto si estás buscando tu primer trabajo como si eres un gerente que acaba de obtener un ascenso, un líder filántropo, un consultor, un *podcaster* o un escritor —no importa en qué industria estés o en qué nivel operes—, puedes alcanzar los nuevos retos que te propongas gracias a tu red de contactos.

ACCIONA. Ha llegado el momento de pasar a la acción y comenzar a trabajar tus relaciones de forma estratégica.

Pero ahora que la cosa se pone seria puede que te surja una inquietud, y es algo que muchas personas que quieren comenzar a hacer *networking* me han expresado. ¡Construir relaciones no puede ser el trabajo a tiempo completo de todo el mundo! La gran mayoría de las personas pasan el grueso de su tiempo ocupadas haciendo las partes esenciales de sus tareas. Si eres ingeniero de software, programas. Si eres analista de investigación de acciones, investigas acciones. Si eres profesor, enseñas. Y yo siempre les contesto lo mismo: si ocupas todo tu tiempo, esfuerzo y recursos en el producto o servicio que quieres entregar al cliente, no creas nuevas oportunidades.

Si olvidas la parte relacional de tu negocio,
la brecha entre quién eres y quién quieres ser
nunca dejará de crecer.

Pero, si inviertes parte de ese tiempo, esfuerzo y recursos en un *networking* de calidad, con un plan de acción estratégico diseñado a tu medida, verás que todo encaja, y que toda esa inversión te será devuelta con creces. Es cuestión de saber cómo hacerlo. Y en esta parte del libro lo vas a descubrir.

Ha llegado el momento de dar el salto. Recuerda: tus contactos serán al mismo tiempo tu catapulta y tu red de seguridad.

7

Diagnosticar tu agenda

Al principio te prometí que este libro te serviría para alcanzar un cierto número de objetivos y, a estas alturas, me siento orgulloso de que, si me has leído con atención y has seguido mis indicaciones, hayas conseguido con toda seguridad:

- Una nueva conciencia de la importancia que tienen las relaciones.
- Una perspectiva renovada sobre el concepto de la estrategia.
- Una intención firme de cambio de *mindset*.
- La valiosa decisión de invertir tiempo y esfuerzo en tu autoconocimiento.
- Una idea clara de qué es la marca personal y por qué la necesitas, además de varios *hacks* prácticos para comenzar a enfocarte en ella.
- La comprensión de cómo funciona el juego psicológico de influencia, relevancia y persuasión.
- El conocimiento de cómo funcionan las dinámicas psicológicas de persuasión y de cuáles han de ser aquellas habilidades de comunicación e influencia que debes desarrollar y trabajar.

En definitiva, podríamos decir que has reseteado tu mente, has colocado todas las piezas sobre el tablero, y ha llegado el momento, ahora sí, de que comience la partida y hagas tus primeros movimientos con astucia y valor. En fin, ha llegado el momento de ACCIONAR para que el cambio en tu vida se haga realidad.

Esta tercera parte es la más práctica. Acá vas a encontrar muchas pautas y ejercicios para diseñar ese PLAN DE ACCIÓN que te llevará a construir una red de contactos potente y transformadora.

Ya sabes que nunca te propondré nada que no haya validado yo mismo a través de mi propia experiencia. Ahora bien, también debo recordarte que tendrás que aplicar, siempre, siempre, el pensamiento crítico a la hora de implementar la metodología que encontrarás en esta tercera parte. No todo lo que me ha servido a mí te resultará útil a ti por sistema. Mal no te irá, eso sí puedo asegurártelo.

No es lo mismo comenzar desde cero, sin contar con ningún tipo de orientación, que partir de una base firme de conocimientos, experiencia ajena de calidad y un montón de recursos contrastados que solo tienes que aprender a adaptar a tu realidad. Simplemente, no olvides que el autoconocimiento y tu propia experiencia serán las herramientas perfectas con las que podrás ajustar cada acción a tu medida. Y eso solo lo puedes hacer tú. Yo estoy aquí para darte ese primer impulso. Y, si lo deseas, para acompañarte el resto del camino, hasta donde tú quieras.

¿Empezamos?

¿Quién está en tus contactos?

Uno de los primeros pasos de tu PLAN DE ACCIÓN deber ser el DIAGNÓSTICO DE TU AGENDA. Es esencial que sepas cuál es el punto de partida de tu red de contactos, para comenzar a crecer desde ahí. Por eso, todo este capítulo va a estar centrado en ese punto.

Pero antes…

Para diagnosticar tu agenda, debes tener tus objetivos bien definidos.

Tanto si son a largo plazo y generales, como puntuales e intermedios. No puedes valorar si tus contactos son útiles o no, si no sabes para qué los necesitas con exactitud. Una vez hecho esto, ahora sí, toca repasar tus redes y detectar a las personas que más te interesa tener cerca en función de esos objetivos.

Una vez que hayas definido de forma clara los propósitos que quieres lograr, ya sean a nivel personal, profesional o económico, toca valorar y clasificar tus contactos estratégicamente para saber cuáles pueden servirte de forma directa o indirecta en el logro de dichos propósitos.

Por cierto, durante este proceso (marcar objetivos y valorar tu agenda) puede que detectes muchos aspectos en los que necesitarás actualizar tus conocimientos o tu preparación, Tanto para emprender acciones por ti mismo como para aportar valor a tus contactos o, simplemente, para tener un mejor criterio a la hora de detectarlos. Es el momento de decidir en cuáles de estos aspectos necesitas invertir a nivel formativo. Apúntate a cursos, talleres, membresías, clubes, etcétera. Te servirá, además, para contactar con personas con tus mismas inquietudes y empezar a expandir tu red.

Tanto la detección de contactos ya existentes como la creación de nuevos vínculos en ámbitos formativos son un buen punto de partida.

Sé que lo de clasificar tu agenda en función de tus intereses puede parecer (de nuevo) algo muy frío y calculador. Pero, a estas alturas, seguro que ya has comprendido que no lo es. No se trata de enviar a nadie a la papelera solo porque no puede ayudarte a que tu carrera profesional o tu vida personal tenga éxito. Se trata de gestionar tus recursos (tiempo, energía, dinero) con sentido común y coherencia.

Imagina que tu objetivo final es posicionar tu *startup* en el plazo de tres años como líder del sector y te has marcado unas acciones para el próximo trimestre, que podrían ser (me invento):

- Tener listo el desarrollo del producto para validarlo en el mercado.
- Llevar a cabo una segunda ronda de inversión de un millón de euros.
- Trabajar una marca personal en paralelo a la comercial.
- Crear una estrategia de comunicación en redes y lanzarla.

Abre tu agenda, mira los ítems que tienes y pregúntate: ¿quiénes me pueden ayudar? ¿Qué personas conozco que tengan conocimientos, experiencia o contactos relacionados con *startups*, marketing digital, *personal branding* e inversionistas? ¿Cuánta influencia tienen esas personas en lo que quiero conseguir? ¿Cuánto me conocen? ¿Qué visión tienen de mí? ¿Qué puedo aportarles yo a ellas a cambio de su ayuda? ¿Qué sinergias puedo empezar a crear con lo que ya tengo? ¿Qué me falta? ¿Dónde puedo comenzar a buscarlo?

Si tu cuñado, con el que te tomas unas cervezas cada sábado (desde el mediodía hasta la noche), tu prima, con la que te pasas cuchicheando cada tarde sobre otras personas, o los colegas del fútbol del domingo no están en ninguna de esas respuestas, está claro que vas a tener que desviar gran parte de los recursos invertidos en ellos. Te enfrentas a unos meses de mucho trabajo, y el apoyo de una red de contactos bien construida puede ser determinante para que alcances los objetivos intermedios.

Y, por otro lado, todos los contactos de tu agenda que aparezcan como respuesta a las preguntas anteriores son los que poseen un auténtico valor estratégico para ti, son las personas que deberían recibir tu foco, tu tiempo y tu atención en mayor medida durante los próximos meses, en una proporción justa (y ajustada) a la importancia de su figura dentro de tu plan de acción (un poco más adelante, definiremos las distintas figuras del *networking* que vas a necesitar y cómo reconocerlas).

Obviamente, eso no quiere decir que descuides las relaciones que son importantes a otros niveles: tu pareja, tus hijos, tus padres o cualquier persona que te aporte equilibrio emocional y felicidad. Pero tendrás que aprender a medir y distribuir los tiempos de tu jornada de forma eficiente y productiva.

Organizar los tiempos que dedicas a tus relaciones no es algo negativo; de hecho, te impulsa a percibirlos como «tiempo de calidad», te motiva a vivir los momentos intensamente, a convertirlos en algo especial e inolvidable.

¿CÓMO LO HAGO YO? Intento aprovechar y exprimir al máximo cada minuto de cada hora del día. Cuando llevo a mis hijos, Bruno y Martina, al colegio, hago que esos viajes sean una experiencia en sí mismos. Les pongo música, canto con ellos, me intereso por sus cosas... Sé que ese rato vale mucho más que si me pasara toda la tarde en casa, pero inmerso en mi ordenador y ellos en la consola. Antes, he ido a hacer ejercicio físico, mientras mi familia duerme. Y, mientras entreno, suelo estar abierto a nutrir mis relaciones, algo que es posible porque he invertido en apuntarme al gimnasio adecuado para ello. Y, justo después de dejar a los niños, salgo pitando a un desayuno con un cliente, socio, colaborador… pero, a pesar de que todavía queda mucho día por delante, ya siento que he cuidado un poco de mí y también de los que me importan.

El día da para mucho, si no procrastinas o pierdes el tiempo y la energía en relaciones improductivas o intrascendentes.

Pero ¿cómo saber cuáles son esas relaciones? A veces no es tan fácil, ya que somos seres emocionales, y los sentimientos pueden nublar nuestro juicio. En ocasiones, la vergüenza, la falta de asertividad, el miedo al qué dirán, la pena o la pereza, pueden hacerte creer que una relación tiene más valor para ti del que en realidad tiene. Por eso, en este capítulo vas a encontrar ejercicios y pautas para realizar dicho diagnóstico de la forma más objetiva posible. Y recuerda, conceder un valor a las relaciones no tiene nada que ver con juzgar a las personas. Lo que estás valorando es el rol que esa persona tiene en tu vida, y para eso, muchas veces, solo hace falta que uses el sentido común.

Valora a las personas en función del rol que tienen en tu vida

Me preguntan muy a menudo qué cualidades aprecio más en mis contactos. Y yo siempre respondo que depende, que no se pueden valorar las mismas características en todas las personas, ya que dependerá del rol que estas tienen en tu vida. Para que alguien esté dentro de mi círculo de contactos, lo primordial es que sea buena persona. Parece obvio, pero a veces se nos olvida. A partir de ahí, dependerá del rol que desempeñe.

En el caso de mi contable, por ejemplo, voy a valorar que sea extremadamente minucioso en todo lo que hace. A mi pareja no le voy a valorar exactamente lo mismo, sino que apreciaré que sea cariñosa, responsable, generosa, una madre presente, una mujer con mentalidad de crecimiento, igual que ella valorará eso mismo en mí. De un compañero de pádel esperaré que sea competitivo, que tenga hambre de ganar y que sepa jugar y comportarse con deportividad tanto en la victoria como en la derrota.

Evidente, ¿verdad?

Pero si todo esto parece tan obvio es porque es fruto del más puro sentido común, el mismo que tienes que aplicar cuando te pongas a analizar tu agenda. La persona que te puede ayudar a impulsar tu negocio, conseguirte ese contacto que tanto necesitas, proporcionarte esa información privilegiada... quizá no es la más idónea para echarte unas risas delante de una cerveza.

Ya lo hemos hablado antes, ¿recuerdas? De vez en cuando tendrás la suerte de crear vínculos perfectos, que impulsarán tu crecimiento profesional y con los que, además, compartirás una amistad más profunda a otros niveles. Pero el resto de los vínculos también pueden ser perfectos, si los valoras en función de su rol. Valorar las cualidades de cada contacto en función de su rol y establecer prioridades en la gestión de tu tiempo son elementos clave para un plan de acción eficiente.

Tu tiempo es oro, úsalo entre quienes lo merecen.

Ya hemos hablado también de las prioridades y de la necesidad de una actitud de esfuerzo, sobre todo al principio de un proyecto. La gestión de tus recursos cuando comiences a emprender posiblemente te deje poco tiempo para las risas delante de una cerveza. Esto no tiene por qué ser sinónimo de sufrimiento. Si has hecho bien tus deberes, y has encontrado la feliz conjunción entre tu trabajo y tu pasión, la diversión vendrá dada por el placer del juego. El éxito será el que te dé ese tiempo para otras cosas. Todo a su tiempo.

Clasificar, clasificar, clasificar

> Para hacer ejercicio, pasee con alguien que le acompañe de buen grado, preferiblemente un perro.
>
> DAVID BROWN

Ya sabes que debemos rodearnos de personas que nos ayuden, catapulten y empujen a lograr lo que necesitamos y nos proponemos. Hasta aquí, todo bien. Quizá ya era algo que sabías antes de conocerme o de leer este libro. De hecho, si lo piensas, el *networking* es algo que todos tenemos más o menos claro de manera intuitiva. A mi modo de ver, la razón por la que tan poca gente lo lleva a la práctica correctamente no es, en numerosas ocasiones, por falta de información o conocimiento sobre la teoría, sino por dos razones principales (que engloban otras muchas):

- Mentalidad fija (que abarcaría todos esos prejuicios, inseguridades, déficits de autoconocimiento, etcétera, que nos impiden perseguir nuestros verdaderos sueños).

- Falta de metodología realmente eficaz y estratégica (que nos impide bajar a tierra la gran cantidad de información que nos rodea).

Por eso, en este capítulo, nos vamos a centrar en esa metodología que te ayudará a clasificar tu agenda de una forma verdaderamente eficaz, para que puedas detectar con claridad las personas que te van a acercar a conseguir resultados (y, por lo tanto, precisan de tu atención) y aquellas con las que deberías restringir tu tiempo y energía.

La idea es operar siempre desde un enfoque tan sincero y generoso como pragmático. Uno de los mayores errores que cometen las personas a la hora de encarar una relación personal o profesional es que les falta estrategia. Tienen mucho corazón, pero poca cabeza.

Así que, ahora, toca usar la cabeza y ponerte a clasificar. Y no vale con etiquetas del tipo: «es majo», «es un crack», «es divertido pero no de fiar», «siempre está disponible», «un poco pesado pero buena persona», «amigo del cole», etcétera. Esas etiquetas las has puesto con el corazón y puede que no sean todo lo útiles que necesitamos. Es probable que no te permitan realizar un análisis profesional y metodológico de los recursos que debes invertir en estas relaciones en función de los beneficios mutuos que pueden generar. Y se trata de eso: de descubrir qué puede aportarte cada una y qué deberás dar tú a cambio, siempre desde la honestidad y la generosidad.

¿CUÁL ES MI HERRAMIENTA DE CLASIFICACIÓN? Básicamente, yo utilizo tres criterios de clasificación, que son clave para marcar las prioridades en mi agenda social. A continuación, te explicaré cada uno de ellos. Jamás lo he compartido con antelación y te prometo que pueden marcar un antes y un después en tu vida, como ocurrió en la mía.

1. Detectar los cuatro perfiles de acompañamiento o mentores.
2. Clasificar según los grados de separación.
3. Clasificar según el cuadrante de beneficio: tiempo invertido *versus* resultados.

Detectar los cuatro perfiles de acompañamiento o mentores

Los cuatro perfiles de acompañamiento que voy a detallarte ahora son contactos que sí o sí deberías tener en tu agenda, porque son personas con experiencia, conocimientos y recursos que te ayudarán a abrirte camino.

En mi vida, he podido avanzar tanto a nivel personal como profesional gracias a contar con maravillosas personas que cuadraban perfectamente con uno de estos cuatro perfiles, personas que han actuado como mentores de profesión, incluso de vida, y a las que debo tanto que ha sido un placer enorme poder corresponderles cuando me ha tocado.

Aprovecho para contestar una pregunta que suelen hacerme mucho: ¿un mentor debe durar para siempre? Personalmente, creo que no. Según mi experiencia, los mentores suelen ser perfectos para un momento concreto, para una etapa del proceso. Pero, a medida que evolucionamos y progresamos, resulta lógico pensar que nuestras necesidades cambian. Por ello, debemos aprender a despedirnos con gratitud y honestidad, y a avanzar hacia nuevas figuras que se adapten mejor a nuestros nuevos objetivos. No significa que los próximos mentores sean mejores que los anteriores, tan solo que se ajustan más a lo que necesitamos y a lo que nosotros mismos podemos aportar en cada fase.

Veamos esos cuatro perfiles de acompañamiento (más un quinto que deberás evitar).

Sherpa

Es quien te ofrece la experiencia. En un contexto más amplio y metafórico, un sherpa se refiere a una persona que actúa como guía, mentor o facilitador en el viaje hacia alcanzar objetivos personales, profesionales, espirituales o económicos.

Al igual que los sherpas del Himalaya, que acompañan a los montañeros a través de terrenos difíciles ofreciendo su experiencia y su apoyo físico, un contacto de este perfil te acompañará en tu propio ascenso o camino, avisándote de los peligros, aconsejándote sobre los mejores atajos, ofreciéndote estrategias efectivas, ayudándote a que la carga sea menos pesada y motivándote a seguir adelante.

Esta figura proporciona orientación, apoyo emocional, conocimientos y recursos para superar obstáculos y alcanzar cimas personales o profesionales. Es una persona que conoce muy bien el terreno que te has propuesto explorar, y que lo camina contigo.

Un sherpa ha llegado a la cima mucho antes que tú y muchas veces. Está en esa posición que a ti te gustaría alcanzar. Conoce los días buenos, los días malos, las piedras, el camino, las trampas, etcétera. A través de su experiencia, el sherpa no solo actúa como un guía personal o profesional, sino también como un confidente y un aliado. Es, en definitiva, un mentor, una pieza clave en tu proceso de crecimiento para que consigas los resultados que te propongas.

Senséi

Es la persona que te ofrece el conocimiento. Puede que no cuente con la experiencia de haber recorrido ese mismo camino que tú quieres hacer, ni que haya alcanzado el objetivo que te has marcado, pero sí sabe cómo lograrlo. *Senséi* es un término japonés que se utiliza para referirse a una persona que ha alcanzado un nivel de maestría en un campo particular y que actúa como maestro.

Pese a que el término se asocia comúnmente a las artes marciales, como el judo, el kárate o el aikido, también se emplea para indicar a alguien que posee profundos conocimientos y habilidades en una disciplina específica, y que enseña y guía a otros en esa área.

Vamos a ver la diferencia entre sherpa y senséi con un ejemplo muy claro: Rafael Nadal, el mejor tenista español de todos los tiempos. Está claro que podría ser un sherpa brutal para otros jugadores, ya que ha sido número uno del mundo y ganador de veintidós Grand Slams. Ahora bien, quien llevó a Rafael Nadal a la cima y a convertirse en un icono del deporte mundial fue su tío, Toni Nadal, un senséi que tenía los conocimientos adecuados, pese a que no había sido jugador. Ni falta que le hizo. Contaba con una enorme sabiduría, conocimientos teóricos, técnicos, tácticos, estratégicos, carácter, inteligencia emocional, mentalidad de crecimiento y diferentes habilidades más allá de la experiencia para poder formar y capacitar a grandes jugadores. Y así quedó demostrado.

Este perfil es importante que no lo confundas con el mentor que te ofrece ganar siete cifras en una semana. El senséi es rigor, aval, garantía y biblioteca. Es alguien que se desvive por ser mejor cada día en el campo en el que ha elegido profundizar. No es quien se ha leído un libro un día antes que tú, sino quien conoce tan bien ese libro que puede refutar al autor.

Sponsor

Es la persona que aporta los medios. Este perfil no tiene por qué haber alcanzado tu objetivo con anterioridad. Ni siquiera tiene por qué desear alcanzarlo. Es más, puede que no tenga ni idea de cómo lograrlo. Pero sí tiene los medios, los recursos y la voluntad para ayudarte a que tú lo consigas.

Un sponsor dispone de capital, influencia o conexiones clave para convertirse en la palanca que necesita tu proyecto. Suele tener un buen ojo e intuición para identificar potencial, y la disposición para apoyar proyectos prometedores gracias a su generosidad o visión estratégica. Suelen ser líderes o figuras respetadas en sus propios campos, lo que les da la capacidad de patrocinar, apoyar e impulsar eficazmente a otros. Disponen de una gran red de contactos para encontrar otras figuras fundamentales o recursos que les acorten el camino.

Este perfil no tiene por qué convertirse en un apoyo recurrente o a largo plazo (como serían un sherpa o un senséi), sino que puede proporcionarte los recursos, medios o contactos adecuados sin necesidad de controlar cada aspecto del proyecto.

¿Por qué querría un sponsor ayudarte? En general, estos perfiles lo hacen por las siguientes razones:

- Diversificación de intereses: Al invertir en una variedad de proyectos, el sponsor puede descubrir nuevas oportunidades de crecimiento y expansión.
- Satisfacción personal: La gratificación de ayudar a otros a alcanzar sus metas y contribuir al éxito ajeno.
- Retorno potencial de la inversión: A largo plazo, el proyecto patrocinado puede ofrecer retornos financieros o de otro tipo.
- Intercambio: Puede que esa persona carezca de habilidades o conocimientos de tu sector que necesite.

La clave estará en que sepas presentar tu visión y tu potencial de una forma atractiva, y que cuentes con una marca personal magnética, para que el sponsor sienta que su confianza y recursos están bien invertidos en ti.

Encontrar a un buen sponsor puede ahorrarte dinero, tiempo y energía, permitiéndote saltar obstáculos que de otra manera serían insuperables.

Semejante

Es la persona que te ofrece su compañía, ya que se encuentra en una situación similar a la tuya. Aún no ha llegado a donde tú quieres llegar, por lo tanto, no cuenta con experiencia previa, ni posee conocimientos superiores ni los medios para conseguir ese objetivo. Pero comparte contigo ese sueño, y tiene hambre de crecimiento, ambición y fuerza para lograrlo.

Es un perfil importante, ya que, al estar en un situación muy similar a la tuya, empatizará fácilmente con tus retos, desafíos y emociones. Tener a alguien que comprenda con exactitud por lo que estás pasando puede resultar invaluable en momentos de duda o incertidumbre.

El aprendizaje y las experiencias compartidas generan beneficios de forma exponencial y reducen al mínimo el estrés. Además, al unir dos redes de contactos, ambas partes tienen la oportunidad de conectar con un círculo más amplio de personas.

Por no hablar de los beneficios emocionales. Un semejante es un confidente que te entiende, celebrará tus éxitos y también te ofrecerá consuelo en los fracasos. La resiliencia compartida se hace mucho más poderosa a medida que ese vínculo que une a dos compañeros de camino se va fortaleciendo gracias a la transparencia, la honestidad y el crecimiento de ambas partes.

Créeme cuando te digo que los mejores *masterminds* en los que he estado se componían de un nutrido grupo de personas semejantes con ganas de alcanzar su éxito.

Sísifo

Son esas personas que nos anclan. Se trata de un perfil negativo que te conviene conocer para que puedas detectarlo (y evitarlo). En ocasiones no ha sido así desde el principio. Quizá en algún punto del proceso fue un contacto muy valioso para ti, pero la diferente evolución de valores y objetivos desencadenó que se convirtiera en un sísifo. Entonces habrá llegado el momento de pactar la despedida.

Sísifo es ese personaje mitológico que va empujando una pesada roca montaña arriba y, cuando llega a la cima, la roca cae y debe volver a empezar. Los sísifos son vampiros energéticos, personas que nos quitan tiempo y nos chupan energía. Están siempre anclados en lo mismo, focalizados en unos objetivos y metodologías que chocan con nuestra mentalidad de crecimiento. Y no nos dejan avanzar.

Un sísifo reclama tu energía y tus medios, pero no te ofrece nada a cambio. Suele vivir en la queja y el victimismo, y te exige que veas el mundo como él lo ve. Mide cada una de sus acciones en términos cortoplacistas de beneficio inmediato, carece de generosidad y empatía con el trabajo y el tiempo ajenos, y generalmente se define por el famoso «qué hay para mí aquí».

¡Tú mismo puedes ser un sísifo si no estás lo bastante despierto! Caer en estas acciones es un error de principiante bastante común. Pero no juzgues. Si ves posibilidades de reconducir a un sísifo, valora primero los recursos que deberías invertir, pero si no merece la pena, no cargues con esa roca en tu subida.

¿Cómo encontramos estos perfiles de acompañamiento?

No te compliques la vida. Estos pasos son mucho más sencillos de lo que crees. Lo importante es que los lleves a cabo con la actitud y la mentalidad correctas: respeto por el otro, seguridad en ti mismo y compromiso hacia la relación que quieres crear.

1. Comienza por el teléfono móvil. Con tu objetivo en mente, busca cuáles de tus contactos ya lo han conseguido, cuáles pueden tener los conocimientos necesarios, cuáles pueden ofrecerte recursos y cuáles comparten el mismo objetivo. Anótalos.
2. Haz lo mismo con tus redes sociales.
3. Clasifícalos según la tabla que encontrarás al final.

4. Contacta con ellos. En función del grado de confianza que tengas, coméntales cuáles son tus intenciones de manera honesta y ofrécete a echarles una mano en lo que consideren (si ya llevas una propuesta por si acaso, mejor).
5. Acuerda objetivos comunes, sinergias, cómo os vais a ayudar mutuamente.
6. Comprométete con lo acordado. Nutre esa relación desde la generosidad y la transferencia de valor.
7. Evalúa de forma periódica los beneficios y los recursos invertidos.

Perfil	Nombre	Teléfono	Qué quiero de esta persona
Sherpa			
Senséi			
Sponsor			
Semejante			
Sísifo			Que aporte... ¡o aparte!

Un ejemplo de cine

Te voy a explicar un ejemplo que a mí me encanta, donde podrás ver con toda claridad el papel que desempeñaron cada uno de estos cinco perfiles de acompañamiento en un maravilloso proyecto. Se trata del momento en que Steve Jobs adquirió la división de gráficos por computadora de Lucasfilm en 1986, que transformó en Pixar.

Todos conocen el fenómeno Pixar. Jamás una productora de cine había tenido tantos éxitos seguidos. Pero estos no fueron el resultado solamente de una inmensa conjunción de talentos (que también). Sobre todo, fue gracias a un *networking* estratégico brutal, a que Jobs supo entender quiénes eran las personas que sumaban a su alrededor y formar con ellas un equipo invencible para lograr objetivos comunes.

Su semejante: Edwin Catmull. Para Steve Jobs, Edwin Catmull representó un socio crucial en el renacimiento y el éxito de Pixar. Catmull era una figura destacada en el mundo de la animación y la tecnología. Aportó profundos conocimientos técnicos y una visión pionera e innovadora para la animación. Además, su filosofía de colaboración, trabajo en equipo y creatividad estaba alineada por completo con la de Jobs.

Ambos, Catmull y Jobs, eran semejantes porque comenzaron a la par, crecieron apoyándose mutuamente y aportando idénticos valores a un proyecto común basado en el poder de combinar arte y tecnología.

Su sherpa: George Lucas. El inmenso cineasta conocido por crear *Star Wars* e *Indiana Jones* y fundar Lucasfilm, LucasArts e Industrial Light & Magic fue un mentor inestimable para Jobs. Lucas había transitado por todos los entresijos de la creación de una productora, con cada uno de sus proyectos había alcanzado cimas de éxito a las que Jobs aspiraba, y su experiencia fue clave para allanarle el camino.

Su senséi: John Lasseter. Este animador, director de cine y productor estadounidense fue miembro fundador de los estudios Pixar, donde supervisó todas las películas del estudio de animación como productor ejecutivo. Ya había tenido éxitos previos y era un genio de los efectos especiales. No tenía la experiencia de Lucas en crear megaproductoras como Lucasfilm, etcétera, pero era un experto creando historias que llegaban al público, y conocía la industria a la perfección.

Su sponsor: Lawrence Levy. No tenía la experiencia ni los conocimientos de Lucas o Lasseter, pero era un genio de los números. Fue contratado en 1994 por Steve Jobs, en ese momento el principal inversor de Pixar, para ser el director financiero (CFO) de la compañía. Y consiguió que la empresa, que estaba al borde de la bancarrota, proporcionara beneficios desde el minuto uno. La visión y las habilidades financieras de Levy fueron fundamentales para el éxito inicial de Pixar y su eventual ascenso como líder en la industria de la animación.

Su sísifo: Sarah McArthur. Fue una de las principales ejecutivas del consejo de administración. Durante una época de crisis se obsesionó con que había que vender Pixar o, en el mejor de los casos, derivar sus servicios a la creación publicitaria para otras marcas, pero de ningún modo crear producciones propias. Ella creía que era la opción más viable, en contraposición a Jobs y a su núcleo duro. Al final, veían las cosas de manera tan diferente que se fue a otra empresa, la decisión más beneficiosa para el crecimiento de ambas partes.

Clasificar según los grados de separación

Supongo que conoces la famosa teoría de los seis grados de separación, según la cual, podemos contactar con cualquier persona del mundo a través de un máximo de cinco personas. Te la voy a explicar con más detalle en el siguiente capítulo, donde hablaremos del poder de lo presencial (en el cara a cara hay cero grados de separación) y de la magia de internet (que ha reducido por lo menos a la mitad la teoría anterior).

Pero la he nombrado ahora porque, en la clasificación de tus contactos, uno de los criterios que deberás tener en cuenta son los grados o pasos que te separan de la persona a la que quieres conocer.

- **Decisor:** Es aquella persona a la que quieres llegar, la que toma la decisión final, la que tiene en sus manos la posibilidad de ayudarte a conseguir tu objetivo. Si no la conoces directamente y quieres colocarte en su radar, deberás buscar otras piezas clave en tu tablero (enlaces o promotores)
- **Enlace:** Es la persona que conoce al decisor. Es un intermediario, un puente directo para llegar hasta esa otra persona.
- **Promotor:** Esta persona quizá no conozca al decisor o al enlace (o puede que sí), pero es alguien con una red de contactos muy poderosa y recursos suficientes para provocar que se establezca ese vínculo. Un promotor puede hacer campaña y colocarte en el radar del enlace correcto, o incluso en el del mismo decisor.

En tu camino hacia el decisor, es importante que sigas una metodología que te permita mantener una evaluación continua de tus acciones. Recuerda que el *networking* no va solo de crear vínculos, sino también de nutrirlos y expandirlos a lo largo del tiempo. Va de constancia, *feeling* y compromiso, y de organización. Por eso te recomiendo que lleves un registro de todas tus acciones, como la tabla que incluyo a continuación o similar. Si lo prefieres, diseña tu propio método, el que a ti te funcione. La idea es que sistematices el proceso (el arte) de crear relaciones para poder gestionarlo a un nivel eficaz y profesional.

TABLA PARA REGISTRAR TUS ACCIONES SOCIALES

Perfil	Nombre	Estudiar sus redes	Contactar por sus redes	Contactar por mail	Contactar por teléfono	Coincidir en evento	Tener reunión
Decisor	Carlos	X	X	X			
	Ana	X	X				
Enlace	Marta	X	X	X	X	X	X
	Tomy	X				X	
Promotor	Federico	X		X		X	
	Mery	X	X		X		X

El *networking*, como cualquier arte, debe tener un amplio margen para la improvisación, para las decisiones disruptivas, para la intuición. Pero, en general, es buena idea seguir los pasos anteriores de forma escalonada. Resulta interesante, por ejemplo, que, si tenemos una reunión con una persona, ya nos haya visto anteriormente en un evento, que hayamos contactado con ella por algún canal, que haya tenido acceso a nuestras redes; que se haya metido en nuestro universo de marca y sepa que somos alguien magnético e influyente. Si esa persona sabe quién soy y qué hago, si ya me he metido en su radar de forma previa, habremos superado ese primer filtro de «no quiero conocerte», y ya podremos pasar a trabajar con fuerza las barreras siguientes (conseguir sus recursos, sus contactos, su confianza, etcétera).

Clasificar según el cuadrante del beneficio

Te voy a dejar ahora un ejercicio muy útil para que puedas clasificar de una forma sencilla tus contactos relacionando el tiempo invertido en ellos (también funciona si tienes en cuenta la energía, los recursos, el dinero, etcétera) con los resultados obtenidos.

Esto te dará cuatro tipos de relaciones:

- **Improductivas:** Les dedico mucho tiempo y obtengo pocos resultados.
- **Intrascendentes:** Les dedico poco tiempo y obtengo pocos resultados.
- **Productivas:** Les dedico mucho tiempo y obtengo muchos resultados.
- **Rentables:** Les dedico poco tiempo y obtengo muchos resultados.

¿Y qué debes hacer con esta clasificación? Pues reorganizar el tiempo que estás dedicando a cada una de estas relaciones:

- **A las improductivas, les dedicarás cero tiempo.** Si, invirtiendo un montón en estas relaciones, no has obtenido casi nada a cambio, ¿para qué quieres seguir por ese camino?
- **A las intrascendentes, les dedicarás el 10 % de tu tiempo.** ¿Por qué? Para comprobar qué pasa. Hasta ahora, las tenías prácticamente abandonadas, así que es lógico que te generaran pocos resultados. Con un 10 % de tu tiempo, antes o después podrás valorar si se convierten en productivas o improductivas.

- **A las productivas, el 40 % del tiempo que dispones.** Ya has comprobado que, si inviertes en ellas, recibes beneficios proporcionales.
- **A las rentables, el 50 % de tu tiempo.** ¿Por qué? Porque si, hasta ahora, invirtiendo tan poco te han generado tantos beneficios, ¿no querrías comprobar qué pasa si les dedicas mucho más tiempo?

De nuevo, te recuerdo que esta clasificación no es una ley estricta que te prohíba pasar tiempo con personas improductivas o que te obligue a «mercantilizar» todas tus relaciones, sin margen para el simple afecto o el bienestar personal. De hecho, «sentirte bien» puede ser perfectamente uno de esos resultados o beneficios que estás buscando en una relación.

Esta clasificación te servirá para ser consciente de lo que haces y desde dónde lo haces. Cuando dediques tu tiempo a alguien, tendrás claro si estás trabajando a favor de tu objetivo o no. A partir de ahí, tú decides, de forma consciente y estratégica.

Herramienta: diseña tu plan estratégico social paso a paso

Ahora que ya tienes claros los criterios de selección, clasificación y detección que debes utilizar para diagnosticar tu agenda, vamos a poner en orden los pasos que seguir para organizar tu plan estratégico social.

- **Primer paso:** Identifico los contactos que deseo como sherpa, senséi, sponsor o semejante.
- **Segundo paso:** Detecto a mis decisores, enlaces y promotores
- **Tercer paso:** Clasifico mis relaciones en productivas, improductivas, intrascendentes y rentables. Organizo qué tiempo voy a dedicar a cada una de ellas.
- **Cuarto paso:** Decido las acciones de mi plan.

No pretendo agobiarte con un plan de acción intensivo, pero puede que treinta minutos al día te basten para cumplir con tus compromisos de agenda y mantener tus contactos activos. El lunes, ¿qué voy a hacer? Tendré una reunión con mi sherpa para contarle mis objetivos intermedios y recibir su orientación. El martes contactaré con mi semejante para que me ayude a realizar unos textos para la web. El miércoles llamaré a mi enlace para agradecerle que me pusiera en contacto con aquel decisor (que pretendo convertir en sponsor) y ofrecerme en lo que necesite. El jueves nutriré la relación con mi senséi: le contaré mis avances gracias a la formación que me recomendó hace unos días. El viernes iré a ese evento organizado por un promotor… El fin de semana evaluaré y ajustaré los recursos invertidos y los beneficios obtenidos, no solo a corto plazo, sino con visión de futuro, para mantener optimizada la organización de mi tiempo y decidir las acciones de la semana siguiente.

Una agenda de contactos de calidad, bien pulida y optimizada, se trabaja a diario. Ya sabes que siempre existe el coste de oportunidad, un concepto económico que me encanta y que se refiere al valor de la mejor alternativa a la que se renuncia al tomar una decisión. En otras palabras, es el beneficio potencial que se pierde al elegir una opción en lugar de otra. No trabajar de manera estratégica tu red de contactos tiene un precio; trabajarlo, otro. Es un proceso continuo de esfuerzo, dedicación, generosidad, compromiso, estrategia, astucia, comprobación y ajustes.

Por eso es tan importante saber con exactitud quién suma en tu agenda y quién no. Para poder gestionar correctamente uno de los mayores activos con los que cuentas, un recurso estratégico poderosísimo, que no quieres ni debes malgastar: tu tiempo.

8

Invierte en clubes

> Nunca pertenecería a un club que admitiera como socio a alguien como yo.
>
> GROUCHO MARX

Con esta frase, el actor y escritor neoyorquino hacía gala de su ingenio para crear paradojas chistosas y, de paso, dejaba claro lo poco en serio que se tomaba a sí mismo y, por ende, que la opinión de los demás le importaba menos aún. Era parte de su marca personal. Pero si tomamos el famoso juego de palabras, le quitamos toda la ironía y le damos un significado un poco más literal y menos travieso, podemos ver reflejada la realidad de muchas muchas personas que nunca van a estar en los lugares adecuados ni se van a rodear de las personas correctas, porque, sencillamente, no entienden la importancia de esa estrategia; porque creen, debido a una combinación letal de prejuicios, miedos, inseguridades e ignorancia, que eso «no es para ellas».

Resulta muy frecuente ver a gente altamente cualificada que lucha por conseguir un puesto de trabajo con condiciones precarias. Pero también es habitual escuchar cómo esa gente sigue culpando al gobierno, a los políticos o a las empresas de su mala suerte, de la falta de oportunidades, del nepotismo empresarial y de otro montón de cosas. Ni mucho menos digo que las instituciones públicas y el sistema no merezcan críticas o llamadas de atención si no hacen su trabajo lo mejor posible, faltaría más. Es más, soy el primero que el sistema considera totalmente ineficaz y creo que la gran mayoría de los líderes carecen de integridad y sentido común, y miran por sus propios intereses.

Pero si quieres cambiar tu vida, la responsabilidad es tuya. Lo siento, es así. No ganarás nada quejándote sobre cómo están las cosas o sobre tu mala suerte si no haces algo para solucionarlo (te lo digo por propia experiencia, porque yo también estuve ahí). Y cuando digo hacer algo, me refiero a hacer algo diferente de lo que has venido haciendo hasta ahora y que está claro que no funciona. Si tu vida no te hace feliz, pregúntate: «¿Por qué no me hace feliz?, ¿qué me haría feliz?, ¿cómo puedo conseguirlo?». No busques culpables. Busca respuestas y soluciones.

Yo no creo mucho en la suerte. Bueno, entiéndeme. El azar existe, claro, y tiene un peso importante. Puede darnos alguna alegría y más de un revés inesperado, así es la vida. Pero hay distintos tipos de suerte, y solo una, la única que en realidad importa, puede estar perfectamente bajo tu control. Veamos:

1. **Suerte azarosa.** Juegas a la lotería y te toca. Esa suerte existe, vale, pero no tienes ningún control sobre ella. Puede que suceda, puede que no. Si quieres, puedes esperar a que te sonría, pero, para esperar sentado, prefiero actuar.
2. **Suerte que proviene de la persistencia.** Aparece cuando, por ejemplo, lanzas veinte o treinta proyectos y tienes éxito en uno. No sé yo... Si pasas mucho tiempo intentándolo y al final sucede, no es que la suerte te haya sonreído sino que se ha apiadado de ti. Lo que yo veo ahí no es suerte, es

falta de formación, estrategia y metodología. Seguramente has desperdiciado un montón de tiempo y energía. Es mejor que quedarse quieto esperando a que te toque la lotería, de acuerdo, pero no es el tipo de suerte al que yo encomendaría mi vida y mi felicidad.

3. **Suerte del que detecta la oportunidad.** Mi favorita. Es la que acompaña a las personas preparadas, aquellas que han sabido desarrollar una mentalidad de crecimiento y que se mueven en los entornos adecuados, rodeadas de las personas correctas. Cuanto más inviertes en ti mismo y en tu red de contactos de manera estratégica, más oportunidades se generan a tu alrededor. Y cuanto más te preparas y te formas, más capacidad tienes de detectar oportunidades de alto valor que otros no ven. Lanzas dos proyectos, uno tiene mucho éxito, y el listo de turno te dice: «¡Qué suerte has tenido!», pero tú sabes que no es así. Y si él no cambia su visión de las cosas, este tipo de suerte nunca le sonreirá.

Seguro que ya conoces la famosa afirmación del científico francés Louis Pasteur que popularizó el escritor estadounidense Isaac Asimov:

El azar favorece a la mente preparada.

Yo, sin ánimo de corregir a Pasteur ni a Asimov, terminaría esta frase añadiendo:

... y a la mente que no está sola.

Porque lo que tengo clarísimo es que, si la gente dedicara más tiempo a hacer contactos de calidad, le iría mejor profesionalmente. Así de claro.

Yo llegué a España hace veintidós años desde Argentina y no conocía a nadie. Estuve mucho tiempo trabajando en entornos en los que no iba a ningún lado, donde era imposible avanzar o crecer, ahogado por ese techo de cemento que es la falta de libertad y de tiempo para crear opcionalidad (un poquito más adelante te hablaré de este concepto que también sale en mi anterior libro, *Dinerograma*).

Pero todo cambió cuando me fui a lugares donde podía encontrar a personas que estaban en posiciones que yo quería alcanzar. Me metí en clubes de todo tipo, de tenis, de negocios, sociales... Viajé, y a cada nueva ciudad que llegaba, seguía la misma estrategia. Clubes. Y ahí invertí. Claro, hay que invertir: tiempo, dinero, valentía, energía, esfuerzo, recursos, formación. Pero toda esa inversión, destinada a colocarme en los escenarios ideales y en el radar de las personas que podían ayudarme con mis objetivos, fue lo que me catapultó hacia la vida que, de verdad, quería vivir.

La proximidad es poder

Me encanta entablar relaciones y conocer a gente. Siempre digo que nunca en la historia de la humanidad ha sido tan fácil hacer dinero o contactar con otras personas como en la época digital que nos ha tocado vivir. Internet nos permite, con un solo clic, investigar diferentes sectores, acceder a contenido formativo de calidad (y muchas veces gratuito), conectar con grupos y personas con nuestros mismos intereses, encontrar referentes y mentores...

Pero el *networking* digital por sí solo no es suficiente. El poder de la proximidad, de los vínculos presenciales, del «trabajo de campo», es inmenso y te lleva a otra dimensión.

No te discuto que la típica frase «Estar en el lugar adecuado en el momento adecuado» ha adquirido una definición mucho más amplia en la era de las redes sociales. Esos «lugares» han dejado de ser solo físicos y han pasado también a ser «virtuales», es cierto. Pero, al final, una charla con un vino de por medio, una mirada a los ojos, ese apretón de manos honesto después de una conversación de esas que dejan huella puede ser lo que marque la diferencia, mucho más que cien mensajes directos por Instagram. Por no hablar del valor que aportas cuando te desplazas físicamente para quedar con alguien y estrechar un vínculo. Esa persona va a apreciar tu esfuerzo y tu tiempo, se va a sentir valorada, especial, sobre todo si te preocupas por ofrecerle una experiencia diferente, si la invitas a comer en un restaurante elegante, por ejemplo, o haces algo que la marque. Ningún mail exquisitamente escrito puede superar eso. Ya lo hemos hablado antes. Las experiencias compartidas son la forma más poderosa de unir a las personas.

Por eso, en este capítulo, quiero hablarte del poder de la proximidad, y de la estrategia más poderosa y rentable que he llevado a cabo durante gran parte de mi vida, que es invertir en clubes.

Aunque, antes, déjame insistirte: no serías una persona inteligente si no aprovecharas la increíble ventana que te da vivir en la era actual. Gracias a la magia de internet (decía el escritor Arthur C. Clarke que cualquier tecnología lo bastante avanzada es indistinguible de la magia), la famosa teoría de los seis grados de separación se ha reducido a tres, y lo ha hecho en un abrir y cerrar de ojos que apenas ha durado unas pocas décadas.

Pero ¿qué quiere decir eso exactamente?

LA TEORÍA DE LOS SEIS GRADOS

La teoría de los seis grados de separación es una idea fascinante que apareció por primera vez en un cuento llamado «Chains», del escritor húngaro Frigyes Karinthy, en 1929. Esta hipótesis defiende que cualquier persona del mundo está conectada con otra totalmente desconocida a través de una cadena de máximo cinco intermediarios. Es decir, no hay dos personas en el planeta que estén a una distancia superior a seis pasos de contacto.

Esta teoría se hizo muy popular en los años sesenta del siglo pasado a raíz de un experimento realizado por el psicólogo Stanley Milgram, que demostró que un mensaje podía entregarse a una persona desconocida, atravesando Estados Unidos de punta a punta a través de una cadena de personas con un promedio de entre cinco y seis intermediarios. Los participantes del experimento debían lograr que su paquete llegara a un destinatario final, enviándolo antes a alguien que, según ellos, pudiera conocerlo, o estar más próximo de alguna manera, y así sucesivamente. Los resultados, aunque ofrecieron alguna limitación, respaldaron en gran medida la hipótesis de los seis grados, y dieron mucho que pensar sobre el poder de las redes relacionales humanas y la conectividad.

LAS REDES SOCIALES ONLINE LO CAMBIARON TODO

En el año 2016, un estudio de Facebook descubrió que el promedio de separación entre sus usuarios era de 3,57 personas. Es decir, en la era digital, la teoría de los seis grados se ha recortado casi a la mitad.

Está claro que las redes sociales han hecho más fácil que nunca conectar con personas fuera de nuestro círculo inmediato, incluso con personas en la otra punta del mundo, reduciendo en potencia el número de intermediarios.

Y, obviamente, al ampliar nuestro círculo de contactos, ampliamos nuestro acceso a recursos y oportunidades.

Networking presencial *versus networking* online

Es indiscutible, por lo tanto, que el *networking* online ofrece un espectro de actuación infinitamente más amplio que el presencial. Te permite llegar a personas y empresas muy alejadas de ti. Puedes tener encuentros online con socios, clientes e inversores que están en la otra punta del planeta. Puedes acceder a una gran cantidad de datos y de manera relativamente fácil. Pero esta información, por ejemplo, difícilmente será exclusiva si la has encontrado o se te ha suministrado en internet. Y si no tienes una marca personal sumamente potente y posicionada, por muchos clics que hagas, te costará entrar de forma directa en el radar «online» de personas de alto nivel, y acabarás dando vueltas por el extrarradio de ese barrio digital en el que de verdad quieres ingresar.

Yo he hecho grandes contactos en redes, personas que han acabado siendo parte esencial de mi núcleo duro, incluso amigos y familia; pero cada una de esas relaciones, en algún momento, la he trabajado de manera presencial en paralelo y a conciencia. En resumen, el *networking* online también tiene reglas estratégicas que debes conocer y dominar si quieres que sea efectivo, y nunca va a sustituir por completo el inconmensurable poder de la presencia.

La información realmente exclusiva se suele dar cara a cara. No es lo mismo llevar a cabo una formación online donde eres un rostro entre un centenar en la pantalla de Zoom que si vas a un máster presencial y después te quedas a tomar un café con ese profesor al que quieres convertir en tu mentor.

No me malinterpretes. La formación online es maravillosa, te proporciona recursos, conocimientos y herramientas de gran valor, te ayuda a generar vínculos con personas con tus mismos intereses, y recortas grados de separación con esos mentores a los que quieres llegar. Además, suele ser más económica, lo cual, al principio de tu proyecto, es un punto que tener en cuenta dentro de tu gestión de gastos e ingresos. En definitiva, te permite avanzar en tu plan de acción de una manera que, si no existiera internet, no podrías.

Pero, antes o después, tendrás que invertir en el contacto físico, en el *networking* presencial. Tendrás que ir a eventos, reuniones, congresos, experiencias y cenas, tendrás que viajar, apuntarte a formaciones presenciales que tal vez te queden lejos, incluso irte a vivir a otras ciudades.

¿Cómo enterarte de dónde y cómo acceder a esos sitios? Bueno, pues te diría que teniendo las antenas muy altas y la curiosidad siempre en modo ON. Pero, concretando un poco más, lo cierto es que lo que no nos falta en la era digital son herramientas de búsqueda:

- No subestimes el poder de Google o cualquier otro buscador de internet. Introduce el tema que te interesa y la palabra «formación», «evento», «congreso», «talleres», «conferencias»... y después, investiga. Así evitarás ir a sitios donde solo te van a vender humo. Entra en los foros de opinión, consulta las reseñas de Google, pregunta a conocidos del ramo si tienen referencias de ese evento o institución.

- Haz contactos en tus redes sociales relacionados con los temas que te interesan. Sé curioso. Si alguno de tus contactos sube una *story* o *post* sobre algún evento al que ha acudido, pregúntale qué tal, y si sabe cuándo o dónde será el próximo.
- Escucha pódcast; muchos invitados ofrecen sus talleres y charlas en ellos. No hay mayor referencia para apuntarte a una formación o acudir a una conferencia que haber conectado con el mensaje de la persona que la organiza.
- Busca en las páginas de las empresas a las que te gustaría acceder, suelen publicar sus eventos y congresos.
- Suscríbete a las *newsletters* de aquellos profesionales con los que te sientas alineado y que creas que pueden aportarte valor. Es el medio por el que acostumbran a ofrecer sus formaciones o publicar futuros eventos.
- Apúntate a clubes de negocios o similares.
- Las páginas gubernamentales o de instituciones privadas también publican becas para formaciones o residencias, incluso en el extranjero, que suelen ser oportunidades estupendas para conectar con otras personas con intereses comunes y crear vínculos muy productivos.
- Etcétera, etcétera, etcétera.

Y sí, es verdad, casi todo eso cuesta dinero, es caro, y cuanto más subas de nivel, más te costará. Pero te aseguro que si lo haces de un modo estratégico recuperarás con creces cada céntimo de tu inversión. Porque lo que haces al estar en los sitios adecuados es generar opcionalidad, y la opcionalidad es la auténtica semilla de la abundancia

Opcionalidad o el olfato de Mariano

Si eres uno de mis lectores fieles, ya sabes que «el olfato de Mariano» es mi forma particular de llamar a la «opcionalidad», y que lo hago en honor a un gran amigo sevillano al que conozco desde hace casi dos décadas. Si, por el contrario, acabas de llegar a mi universo literario, puedes encontrar la historia de Mariano en la página 229 de mi libro *Dinerograma*. Te aconsejo que la leas, pero te daré una pequeña pincelada sobre en qué consiste ese misterioso olfato.

El matemático, filósofo y profesor Nassim Taleb, que no tuvo el placer de conocer a Mariano, popularizó el término «opcionalidad» en su libro *Antifrágil*, donde lo definió como la capacidad de generar distintos escenarios con alternativas diversas entre las que uno puede escoger la que más le conviene.

Veamos un ejemplo. Si los únicos y recurrentes escenarios de tu vida son ocho horas en la misma oficina, la cola del supermercado, la puerta del colegio de tus hijos, el atasco de las siete de la mañana y de las cinco de la tarde, el bar de la esquina para el vermut de los domingos y el sofá de tu casa, tu opcionalidad es cercana a cero. Pocas cosas diferentes y extraordinarias te sucederán en esos escenarios; pocas oportunidades de crecimiento y expansión se van a generar.

Por el contrario, la opcionalidad crecerá de manera exponencial si acudes a una fiesta con ejecutivos empresariales, si te apuntas a un máster y conectas con tus compañeros, si improvisas un desayuno de negocios con emprendedores o una comida con el director general de una multinacional, si te permites unos meses sabáticos para viajar o explorar ofertas de trabajo sin la presión de aceptar cualquier cosa... En definitiva, la opcionalidad aumenta cuando tienes el dinero y el tiempo necesarios para estar en los sitios adecuados, conectar con las personas correctas y generar oportunidades entre las quc poder elegir.

Está claro que la opcionalidad necesita de presencia, dinero y tiempo. Pero, simultáneamente, genera más tiempo y dinero para que tú puedas elegir dónde quieres estar presente

Si tienes dinero, tendrás el tiempo para acudir a esa fiesta, establecer ese contacto, nutrirlo al día siguiente con una comida en un buen restaurante, aceptar el reto de ese viaje improvisado... Si no puedes hacer frente económicamente a esos gastos, ni dispones de la libertad necesaria para improvisar y fluir con las circunstancias, tus opciones se reducirán de manera drástica. Por eso es tan importante la creación estratégica de una red de contactos. Porque, a través de tus relaciones, podrás conseguir objetivos que jamás alcanzarías en solitario, y generar esa opcionalidad de una forma mucho más poderosa.

Y a más opcionalidad, más fácilmente nutrirás y expandirás tu red de contactos, por lo tanto, estarás cosechando y cultivando mejores oportunidades personales, profesionales y económicas de manera constante. Se trata de una rueda de abundancia y alta oportunidad.

Desde muy joven comprendí que, si me exponía en los escenarios correctos, actuaba en los momentos oportunos o conocía a las personas adecuadas, podría generar mayores y mejores oportunidades. Es simple:

Si te expones y te relacionas, pueden pasarte cosas interesantes en la vida. Si no lo haces, seguro que no sucederá nada.

¿CÓMO LO HAGO YO? Aquí te dejo algunos de mis *hacks* más potentes para generar opcionalidad, y que están directamente relacionados con la expansión de tu red de contactos:

- Aprende sobre dinero y finanzas personales. Te invito de corazón a leer mi libro *Dinerograma* para aprender a relacionarte con el dinero. Te ayudará mucho a conocer cómo te relaciones tú con el dinero y a tener un plan económico que te proporcione libertad y tiempo para construir relaciones de valor y explorar diferentes opciones.
- Apúntate a eventos, talleres, charlas, cursos y formaciones con los referentes de tu sector. Métete en el radar de la gente que te interesa.
- Investiga, sé curioso, mira a tu alrededor con actitud emprendedora y disruptiva. Tienes que estar siempre abierto a detectar opciones donde menos te las esperas; mantén siempre una mentalidad de crecimiento.
- Si no quieres dejar el trabajo por cuenta ajena, busca una empresa que te permita crecer a nivel formativo y laboral, que te aporte el mismo valor que tú le aportas a ella, y que te ofrezca oportunidades reales de crecer y aprovechar oportunidades.
- Sé generoso. Siempre. Este *hack* podría servirte para cualquier cosa en la vida.
- Y por último, aquí va la madre de todos los *hacks*: INVIERTE EN CLUBES.

Si quieres encontrarme, búscame en un club

Cuando estaba terminando de escribir este libro (con la temible fecha de entrega a la editorial a la vuelta de la esquina y escribiendo a contrarreloj), no se me ocurrió otra idea que, además de todas las responsabilidades que ya conlleva la gestión de mis negocios, el mantenimiento de mi red de contactos, mis viajes, mi indomable curiosidad formativa y, por supuesto, el cuidado de mi vida personal y familiar, ponerme a organizar otro lanzamiento digital.

Después de siete meses decidí abrir las puertas de mi club de negocios y relaciones ÉXTASIS a nuevos socios. Para presentar la apertura de puertas del club a los interesados, que tanto tiempo habían estado esperando, diseñé un taller gratuito con una cantidad enorme de contenido de altísimo valor, una oferta infalible, además de una potente campaña de marketing digital. No te imaginas el trabajo que puede suponer crear y coordinar todo esto, incluso para un equipo como el mío, que solo está compuesto por cracks. Si me conoces, ya sabes que la pasión y el entusiasmo son la gasolina que me impulsa, pero al mismo tiempo soy humano, y un par de días antes del lanzamiento, tuve un pequeño «bajón», fruto del agotamiento y de algunos problemas técnicos que nos dieron quebraderos de cabeza.

Decidí ir a dar un paseo en moto. Me calma mucho conducir sin rumbo por lugares a los que siento que debo ir. A veces es el mar, otras la montaña... Lo que estaba claro es que necesitaba unos momentos de paz y reflexión. A pesar de que mi vida actual no puede hacerme más feliz, intento no confiarme. Nunca olvido los consejos de mi querido doctor Sam, así que, para evitar el peligro de perderme en la vorágine de las acciones sin freno, busco siempre esos instantes para hacerme las preguntas que mi amigo me enseñó: ¿por qué hago esto? ¿Es lo que quiero hacer? ¿Me hace feliz?

Y en esas estaba, tomándome un buen cóctel y contemplando el mar Mediterráneo desde una terraza a pie de playa, cuando un acento muy conocido, y no menos querido, llegó a mis oídos. Un chico argentino de veintitantos años hablaba con otra joven argentina no muy lejos de la mesa donde yo estaba, así que no pude evitar poner en pausa Spotify y atender a lo que decían. (Sí, tengo ese defecto, me gusta escuchar conversaciones ajenas en los bares).

—Yo no sé qué más hacer. Hace cuatro años que estoy acá y ya casi me quedé sin plata. Repartí currículums en todas las empresas del sector, me gasté una guita en el curso ese de visibilidad digital que no me sirvió de nada porque solo me subieron poco más de mil seguidores en Instagram. Me paso el día dando *likes* y mandando mensajes directos a todo el mundo, y casi nadie me contesta. Además, el algoritmo...

—Pero no lo entiendo —le interrumpió su amiga—. Los diseños que subís a tu perfil son buenísimos, sos un ilustrador bárbaro, tenés un talento de locos... ¡Antes o después alguien se va a poner en contacto con vos!

—Por ahora lo único que hace la gente es pedirme colaboraciones gratis. Y paso, porque mi arte tiene un valor. Al ritmo que voy, me va a tocar volverme a Buenos Aires. —Suspiró, casi derrotado—. Acá estoy la mitad del día encerrado en casa dibujando sin que lleguen resultados, y la otra mitad en el bar poniendo copas. Esto mismo lo puedo hacer allá, cerca de mis amigos y mi familia.

Empaticé muchísimo con el chico. Yo había estado en esa misma situación. Dudé si meterme en la conversación o no, y al final no pude evitarlo. A aquel chico le faltaban un par de movimientos y contactos estratégicos para terminar de asentarse en Barcelona. Pero como en aquel momento no tenía tiempo para explicárselo (y nadie me había pedido mi opinión), me limité a pasarle mi página web y aconsejarle que se apuntara al taller gratuito que iba a dar dos días después.

—¿«No solo es lo que sabes, sino a quién conoces»? —leyó el lema con cierta desconfianza—. No sé… Quiero conseguir logros por mis propios méritos. Esto me suena a nepotismo… Y tampoco creo que un club de negocios sea para mí, si ni siquiera llego bien a final de mes… —Me sonrió con cierta incomodidad. Creo que pensó que intentaba venderle algo.

—Mirá, no perdés nada por asistir al taller. Es gratis. Vas a ver que no tiene nada que ver con el nepotismo. Y no es necesario que te apuntes a este club. Pero el mejor consejo que puedo darte es que te apuntes a alguno. ¿Me permitís que te cuente una breve historia? —Asintió, no del todo convencido—. Tengo un amigo que cuando era joven llegó a Bali para montar un negocio que al final no salió. Pero como tenía muy claro que las oportunidades se generan cuando estás en los sitios adecuados, se apuntó a un lujoso club de tenis. No tenía trabajo, no tenía ingresos y solo contaba con el colchoncito económico que se había llevado para montar el negocio. Pero apostó por esa inversión. A los pocos días estaba jugando un partido con uno de los socios cuando el director del club se fijó en él. Lo invitó a comer y le propuso dirigir la escuela de tenis. Antes de una semana mi amigo había recuperado con creces la inversión inicial, solo por estar en el radar de la persona adecuada y exponerse en los escenarios correctos.

—Bueno —titubeó el chico—, también tuvo un poco de suerte, ¿no?

Me encogí de hombros con una sonrisa y no lo contradije. Podría haberle explicado que la suerte de mi amigo (que en realidad era yo mismo) era el resultado de muchos años de entrenamiento como jugador amateur, de una larga experiencia como coach de alto rendimiento de este deporte, de un alto nivel en inglés, de una formación como periodista que, sin duda, había elevado mis habilidades comunicativas, de mi carisma personal (parte natural, supongo, pero gran parte desarrollado a conciencia) y, sobre todo, de cultivar la mentalidad de crecimiento, de mi valentía a la hora de apostar por aquella inversión, de mi generosidad estratégica al ofrecer mis habilidades no solo sin cobrar, ¡sino pagando!, solo para que las personas adecuadas se fijaran en mí.

No le dije nada de eso, claro, no va conmigo imponerme como una especie de mentor a alguien que no me lo ha pedido. Me limité a desearle que algún día él también tuviera ese tipo de suerte (por supuesto, no lo pilló; no en ese momento) y volví a la oficina.

El taller fue maravilloso. Miles de personas disfrutaron de la clase gratuita, hubo un aluvión de candidaturas, de mensajes de felicitación…, y cuando al final del día mi equipo y yo estábamos celebrándolo con unas pizzas y unas cervezas en la oficina, todos rotos de cansancio pero bien alegres, me dije que aquello me hacía feliz porque me daba justo la vida que quería y porque hacía feliz a muchas personas.

Pero la guinda llegó una semana más tarde en forma de mensaje directo por Instagram. Manu, el chico argentino, se había conectado finalmente al taller, y las palabras que me dedicó me emocionaron. Estuvimos chateando un rato. Me confesó que le había abierto los ojos, que lo que había explicado le había volado la cabeza. Nunca había visto las relaciones de ese modo, el poder del *networking*, la importancia de una red de contactos... De momento no había presentado su candidatura para el club —«Estoy arruinado», dijo—, pero se había comprado *Dinerograma.*

«Voy a empezar ya mismo mi plan económico... —me escribió, entusiasmado—. Por cierto, ya llegué a la página 236 de tu libro... ¡El tipo del Canggu Club de Bali eras vos! ¡Qué crack! Ahora lo entiendo».

«También tuve un poco de suerte», le contesté, añadiendo el emoticono del guiño.

Lo cierto es que la estrategia del Canggu Club no era nueva para mí. Desde pequeño he mamado la experiencia de los clubes. Nací en Argentina en 1986, y toda mi infancia la pasé en un club deportivo (el Club Banco Provincia de Vicente López, para ser exactos), rodeado de compañeros, familia y amigos. A partir de ahí, insisto, lo primero que siempre he hecho cuando he llegado a un país nuevo, a una ciudad nueva, ha sido apuntarme a un club.

Cuando llegué a Barcelona en 2002, me apunté al club de tenis Set Ball, en Sant Cugat del Vallès, donde conocí al grupo de amigos que aún conservo hoy en día y conseguí mis primeras oportunidades laborales.

En 2010 ocurrió el episodio de Bali que acabo de contarte. Me matriculé en el club social más importante de la isla, y tras una semana haciendo contactos, comiendo con diferentes socios y compartiendo tiempo con ellos, desde la directiva del club me ofrecieron trabajar como director de la escuela de tenis.

En 2016 monté junto a mi pareja una marca de ropa en Costa Rica. Al llegar nos apuntamos a un club deportivo, el Club Campestre Español. Allí conocimos a personas de todo el mundo que se convirtieron en figuras clave para la expansión de nuestro negocio en Centroamérica; tejimos una red de contactos sólida e influyente que nos abrió muchísimas puertas. Hoy día conservamos esas amistades y seguimos generando sinergias conjuntamente.

Al volver a Barcelona en 2018 hice lo mismo pero a lo grande: me apunté a dos clubes de negocios, a un nuevo club deportivo en la ciudad, y a otro club de tenis en las afueras. Hoy sigo siendo socio de diferentes clubes de todo tipo, tanto físicos como online, y todos ellos me impulsan a crecer, me conectan con gente maravillosa, me generan oportunidades y tienen un impacto positivo en mi vida.

Y es que cuando estás con gente con los mismos intereses que tú es inevitable que surjan oportunidades. Y si algo he aprendido durante todos mis años como emprendedor, y moviéndome por todo el mundo, es que el dinero y el éxito están donde hay opcionalidad.

Además, en los clubes me divierto, y esto es vital en mi vida. Conecto con gente que me gusta, que me inspira y a la que admiro. Con personas que tienen las mismas ganas que yo de vivir, de disfrutar, de compartir. Compañeros de partido, viajes, comidas, negocios, proyectos, reuniones, bodas, experiencias, deporte y todo aquello que nos haga gozar y crecer, tanto profesional como personalmente.

Los clubes me han dado tanto que ahora, viéndolo en perspectiva, tengo claro que mi destino siempre estuvo escrito, y que antes o después me iba a convertir en el fundador del mío propio. Siempre he sido un excelente conector de personas. No sé si es un talento natural, una habilidad innata o qué, pero me apasiona hacer de celestino entre dos posibles proyectos profesionales o ser el artífice de una nueva amistad o relación. No puedo evitarlo. Conozco a alguien y, a medida que voy descubriendo sus intereses, sus objetivos o su trayectoria personal y profesional, en mi cerebro se van encendiendo lucecitas, como si fuera la pantalla del radar de un aeropuerto, que me dicen: «Qué buen *match* haría con Annie para ese proyecto que está comenzando», o «Tengo que presentarle a Tomy, es justo el mentor que necesita», o «Voy a decirle que venga a la cena de emprendedores del viernes, su perfil está muy buscado».

No puedo evitarlo. Y además, no quiero evitarlo. Me encanta. Compartir mi agenda de contactos es algo que me llena el alma y ayuda a otras personas, así que ¿por qué no iba a convertirlo en mi modo de vida? La respuesta es que no había ninguna razón para no hacerlo.

Por eso, nació ÉXTASIS, porque era inevitable.

Se dice «éxtasis», se pronuncia «familia»

Esta maravilla de frase la dijo una socia muy querida, Sonia, después de uno de nuestros *masterminds* mensuales, que son encuentros online en directo donde los socios nos reunimos para intercambiar ideas, compartir estrategias, consultarnos dudas o buscar asesoramiento. Son espacios seguros donde generamos conversaciones. Sonia se desmoronó durante una de ellas a raíz de una mala racha por la que había estado pasando a nivel personal, y el apoyo que recibió del resto fue tan colosal, tan motivador, tan curativo, que hizo esa reflexión. Y yo, al escucharla, sentí que esa frase nos acompañaría mucho tiempo.

Porque, cuando fundé ÉXTASIS, tenía claro que no quería limitarme a conectar a profesionales, empresarios o emprendedores. Quería conectar a personas, corazones y sueños. Quería un lugar donde los socios pudiéramos compartir, conocernos, apoyarnos, formarnos, crecer, divertirnos, conectar y catapultarnos unos a otros. Y, en ese preciso instante, supe que lo había conseguido.

Fundé ÉXTASIS porque sentía la necesidad de compartir con los demás lo que había experimentado en mis propias carnes. Quería que todo el mundo tuviera acceso a la magia que provoca generar contactos de calidad, a la inmensa opcionalidad que nace de tener un gran círculo de influencia.

ÉXTASIS es un club de negocio y ocio donde nos juntamos personas con la misma pasión por conectar, creamos escenarios para que pasen cosas y disfrutamos de la vida, de la amistad y del increíble goce de crecer mientras ayudamos a crecer a los demás.

El club ofrece a sus socios contenido formativo de máxima calidad para sus negocios y para su vida; entrevistas exclusivas con líderes, referentes, expertos y empresarios de España y Latinoamérica que nos revelan sus secretos, sus acciones y las claves de su mentalidad; píldoras estratégicas para multiplicar la facturación; mentorías en directo para trabajar el modelo propio de negocio; asesoramiento individual o grupal; los *masterminds* mensuales; *coworking* online 24/7, donde a cualquier hora del día puedes resolver dudas con la comunidad, pedir ayuda u ofrecerla; un tablón de anuncios; oportunidades de negocios; club de lectura…

Pero lo más impresionante son los encuentros presenciales: almuerzos, comidas, cenas, viajes, eventos donde nos juntamos para disfrutar de una comida deliciosa, beber, reír, conocernos, abrazarnos, aprender, crear vínculos y sinergias, compartir y disfrutar. Y no te puedo explicar lo que sucede en esos encuentros, es una explosión de energía positiva, generosidad, alegría de vivir, ganas de crecer, de gozar, de ayudarnos unos a otros... Es magia, magia pura. No se puede explicar con palabras. Es familia.

Nada de un *networking* forzado y que da vergüenza ajena, nada de dar una tarjetita y salir corriendo para entregar el resto antes que los demás, nada de ejercicios infantiles o formaciones de palabrería vacía. Lo que hacemos son vínculos genuinos, de los de verdad.

Y lo que más me impacta de lo que sucede en ÉXTASIS es la transversalidad con la que todo sucede. Entre nuestros socios hay profesionales de cualquier nivel, desde grandes empresarios a pequeños emprendedores, pasando por artistas *freelance*, psicólogos, comunicadores, escritores, abogados, arquitectos, infoproductores, dueños de agencias..., y todos encuentran algo que aportar a los demás. Cuando organizo un desayuno para treinta y cinco o cuarenta socios, y me paseo entre los corrillos y veo que alguien con un pequeño comercio de producto está recibiendo consejos de un consultor de negocios que trabaja para diferentes compañías, y, a su vez, ese consultor agradece al otro la gran oferta que le ha hecho para el regalo de Navidad de sus empleados y colaboradores, y además, veo disfrutar a ambos genuinamente de ese momento..., buah, es impresionante. Esto es magia.

9

Hacks y ejercicios para un *networking* eficaz

Quiero recopilar en este último capítulo varios de los *tips* prácticos que ya te he ido dando a lo largo del libro junto a otros nuevos que se me han quedado en el tintero. Además, te dejaré algunos ejercicios muy eficaces que te ayudarán a preparar mejor tus pautas de acción. El *networking* es como una carrera, como la de un abogado o un médico: hacen falta muchos conocimientos y formación, pero la práctica es, finalmente, la parte esencial que conformará tu *expertise*. Está muy bien que leas muchos libros sobre el tema, que te tragues horas y horas de pódcast y vídeos de YouTube, que acudas a charlas y talleres de tus referentes..., pero, en algún momento, tendrás que lanzarte, probar todas esas herramientas que has atesorado y ver cuáles son las que a ti te sirven y cuáles no.

Y debes estar preparado para algo: no va a ser fácil. Aun sabiendo cómo hacerlo, encontrarás resistencia. Es normal. Lo importante es que sepas que esas barreras van a estar ahí, que las esperes, que no te cojan por sorpresa; de esta manera tendrás muchas más posibilidades de no desanimarte ante las primeras dificultades. El *networking*, sobre todo en etapas iniciales, presenta ciertas barreras, lógicas y naturales, que debes saber identificar y neutralizar para que el resto de tus acciones puedan fluir con la máxima eficacia. Es como bañarte en el mar: si está un poco picado, la franja donde rompen las olas resulta la más complicada de atravesar, pero, en cuanto consigas avanzar un poco, podrás dejarte mecer por ellas.

Las barreras que debes romper

Hacer contactos es un juego psicológico, de astucia, de conquista, ya lo hemos dicho un montón de veces. Y como buen juego de conquista, hay que superar esa resistencia natural del ser humano a ceder su «territorio» (en este caso su agenda, su capital relacional, su tiempo).

El arte de hacer contactos estriba en despertar esa motivación en el otro para que te convierta en su contacto o para que te facilite otro contacto. Se trata de saber dónde están las barreras que dificultan que eso ocurra y entender los fundamentos psicológicos que te permitirán ser lo suficientemente persuasivo para romperlas. Ya lo sabes, ya lo hemos visto, pero te lo repito: enviar mensajes impersonales y de copia y pega por LinkedIn o pasearte por los eventos con una acreditación colgada del cuello no es la manera. Hacer contactos no es eso.

Básicamente, yo veo tres barreras que derribar a la hora de conseguir que otra persona te encuentre lo bastante interesante para compartir contigo lo más valioso que tiene, su agenda y su tiempo:

1. **El alto coste de los contactos:** Cuesta mucho conseguir un contacto. Me refiero a un contacto valioso, a un vínculo de verdad, de los que te generan oportunidades y te ha-

cen crecer. Hay que esforzarse mucho, invertir tiempo y dinero, y por eso, cuando logras crear ese vínculo, te resistes a «regalarlo».

Es exactamente igual que cuando estabas en el colegio, tomabas unos apuntes maravillosos, los copiabas a limpio con títulos de colores, cuadros y tablas, y alguien te los pedía para fotocopiarlos. No te salía decir que sí, ¿verdad? Seguro que ponías excusas para no dejarlos. Lógico, habías invertido tiempo y energía en crearlos, no ibas a compartirlos así como así, es de sentido común (debo confesarte que yo era el que iba pidiendo a otros los apuntes).

Pues con los contactos pasa lo mismo. Y una forma muy eficaz de neutralizar esta barrera es desde la generosidad. Ya lo hemos visto anteriormente: una de las dinámicas psicológicas de la influencia es dar antes de pedir. Si generas valor de manera altruista, será más fácil que las otras personas se sientan en deuda contigo. No mendigues ese contacto, haz que la otra persona sienta que te lo debe o, en su defecto, que le apetezca dártelo.

2. **Las agendas opacas:** La mayor parte de las veces, uno no sabe qué contactos tiene la otra persona. Cuando sí dispones de esa información, es mucho más fácil, claro. Se convierte en una *win-win situation*: «Yo quiero tu contacto y tengo este que a ti te puede interesar». Limpio y sencillo. Pero, en otras ocasiones, irás a un evento y, si no tienes información sobre los asistentes, será difícil que lleves una estrategia bien definida. Y al revés: los demás quizá no tengan ni idea de lo que les puedes aportar tú.

Por eso es tan importante hacer los deberes previos (en este mismo capítulo te ofreceré algunos *tips* y ejercicios), afilar bien tus habilidades de comunicación y armarte con una marca personal que te preceda.

3. **FOMO:** Son las siglas del *fear of missing out*, o «miedo a quedarse fuera». Es una inquietud muy humana, que surge del temor a ser apartado o ignorado en alguna situación o grupo. Ese nuevo colega que te «roba» a tu mejor amigo, ese conocido al que recomiendas en tu empresa y se convierte en el favorito de tu jefe, esa cena del pádel de la que nadie te avisó... Todos sufrimos la inseguridad de estar perdiéndonos algo en algún momento de nuestra vida y, desde luego, es una de las barreras del *networking*. «Si presento a estas dos personas, ¿me quedaré fuera del hilo de mails, de esa invitación a comer, de esa oportunidad de negocio?».

   Uno de los mayores retos del *networking* estratégico es prever y neutralizar el FOMO logrando que la otra persona se sienta parte de un proyecto común. Un verdadero núcleo de influencia es capaz de lograr con sus habilidades que todos los implicados se impulsen unos a otros hacia la abundancia con generosidad y desde la colaboración.

Las mentes maestras no compiten, cooperan.

Hacks poderosos para un *networking* eficaz

Vamos a recordar, a modo de resumen, algunas de las pautas de acción que ya te he proporcionado, y te ofreceré, además, algún que otro nuevo *hack* para que desarrolles y pongas en práctica tus habilidades de influencia, aumentes tu autoridad de marca, rompas las barreras iniciales, te muevas con soltura tanto en redes como en los eventos presenciales, generes vínculos de calidad y seas capaz, en definitiva, de mantener y expandir tu red de contactos nutriendo tus relaciones desde la generosidad y convirtiéndote en una persona magnética, un conector de personas, un auténtico núcleo de influencia.

¿Le damos? ¡Le damos!

NO SOLO ES LO QUE SABES… PERO ¡TIENES QUE SABER!

Invierte en formación y capacitación para desarrollar nuevas habilidades o profundizar en tu área de sabiduría. No me cansaré de repetírtelo. Estudia, lee, escucha pódcast, apúntate a cursos, conferencias y programas de desarrollo profesional. Tienes que estar al día de las novedades de tu campo de *expertise*, y tienes que adquirir y renovar los conocimientos necesarios para desarrollar y mantener tu autoridad, para gestionar tu equipo, para generar valor y para posicionarte como alguien valioso dentro de tu industria.

Me gustaría hacer aquí un inciso y mostrar mi preocupación por una tendencia cada vez más presente en el mundo profesional. No es que tenga datos concretos sobre esto, pero mi impresión, y la de muchas personas con las que he discutido este tema, es que los baremos de calidad y *expertise* para acceder a una profesión están bajando.

La inmensa cantidad de información que podemos encontrar en internet hace que mucha gente, tras asumir cuatro conceptos básicos, pase a denominarse alegremente y a las primeras de cambio «experto» en algún oficio y se lance a monetizar su recién adquirida sabiduría. A mi alrededor veo, continuamente, a muchas de esas personas que se autodenominan «coaches» porque hicieron un cursillo de desarrollo personal en algún portal *random*, o se leyeron un libro de coaching, o profesionales que se autodenominan «mentores», sin tener la experiencia para serlo.

Estamos en un momento de la historia en el que la reinvención profesional es más fácil que nunca gracias a los avances tecnológicos y el acceso libre a la información. Además, se está convirtiendo en una dinámica cada vez más común propiciada por las crisis económicas, las precarias condiciones laborales, la incertidumbre global, etcétera. Y que conste que reinventarse me parece una decisión fantástica, ¡hemos hablado de eso a lo largo de todo el libro! Pero se trata de un proceso largo, costoso a muchos niveles, en el que hay que invertir toneladas de autoconocimiento, esfuerzo, conciencia, planificación, estudios, formaciones, dinero... y paciencia.

En resumen, lo que quiero decir es que nos encontramos en una época en la que se está perdiendo la profundización, la *expertise*. Muchos creadores de contenido se dedican a construir una marca personal (o lo que ellos creen que es construir) colgando información en las redes como si fueran expertos, pero, en realidad, pasan de puntillas sobre los temas, se quedan en los titulares, no son expertos reales. Esa marca personal tiene los días contados.

Y la raíz de este «mal moderno» creo que está en el hecho de ser tan cortoplacistas, en la impaciencia que nos generan las redes sociales. Vemos a muchas personas con cientos de miles de seguidores, con marcas personales muy potentes, y queremos los mismos resultados ya, rápido, pronto, y si no nos llegan, cambiamos a otra cosa, pero seguimos quedándonos en la superficie, sin profundizar.

Por eso te insisto tanto. Está muy bien querer reinventarte, lograr la vida de tus sueños. Pero no puedes saltarte una planificación coherente, con acciones a largo plazo que incluyan, obligatoriamente, una formación extensa y de calidad. Solo volviéndote un experto podrás aumentar tu autoridad y posicionamiento como marca, y solo así, podrás construir esa red de contactos que te permita lograr tus objetivos.

Paga para que te conozcan

La formación te sirve para adquirir conocimientos y herramientas, vale, pero si, además, la utilizas para ponerte en el radar de ese referente cuya atención quieres llamar, con el que quieres contactar, ¡bingo!, invertir tu tiempo y dinero en alguien es la manera más honesta, sincera y directa de mostrarle a esa persona tu interés. Cómprale su producto, servicio o mentoría.

Yo lo he hecho en infinidad de ocasiones. Por ejemplo, con Ismael Cala. Lo conocía, como tanta gente, por ser un gran referente en el sector periodístico, de comunicación y liderazgo del mundo de habla hispana. «Estratega de vida y negocios», tal y como él mismo se autodefine en su página web, Cala es autor de varios best sellers sobre liderazgo, emprendimiento y desarrollo personal. Durante más de cinco años, presentó el show CALA, en el *prime time* de CNN en español, y *The New York Times* lo calificó como «el Larry King latino». En la actualidad se le considera uno de los comunicadores más importantes del continente americano y su mensaje de emprendimiento, *mindfulness* y bienestar ha impactado a millones de personas que siguen sus seminarios, talleres y conferencias. Bien, pues yo estaba decidido a generar un vínculo personal con él, así que compré una formación presencial, un billete de avión a Miami, me reservé diez noches de hotel e hice que tuviera lugar esa conexión.

A raíz de aquello, Ismael se convirtió en mi amigo y uno de mis mentores, y ha sido una de las personas en las que me he apoyado en los últimos años. A través de sus eventos, me ha conectado con otros referentes y me ha impulsado a dar un nuevo salto a nivel profesional y económico. Aquella compra a ciegas de un viaje a Miami ha sido una inversión de dinero altamente rentable.

De hecho, me gustaría invitarte a ver las entrevistas y conversaciones que subo de forma gratuita a mi canal de YouTube. Puedes suscribirte para estar al día de todas las novedades. Verás la cantidad de gente inspiradora que pasa por el canal.

Eleva tus estándares

Tiene que ver con el cambio de mentalidad, con las preguntas que debes hacerte. Si algo te parece caro, pregúntate qué tiene que pasar o qué deberías hacer para que ese mismo producto que quieres y deseas, y que ahora ves como prohibitivo o inalcanzable, sientas que puedes permitírtelo, que te lo mereces. Elevar los estándares no es derrochar ni malgastar ni ir de lo que no eres. Es hacerte las preguntas correctas para descubrir qué vida crees que mereces y qué debe suceder para que esa vida sea tu realidad.

Hay acciones caras, como formaciones presenciales, viajes, clubes de negocios, eventos, que pueden provocarte rechazo si tu mentalidad no es la adecuada, lo digo por experiencia. ¡Cuidado! No las descartes de entrada, analiza desde dónde estás pensando y cuestiona tus propias creencias. Es más que probable que tú mismo estés poniendo un techo a tu progreso. Y a veces, lo haces de manera inconsciente, ya que no sabes cómo obtener mejores resultados o elevar los estándares. El desconocimiento te está frenando.

Si has realizado un ejercicio de autoconocimiento correcto, tienes tus objetivos bien definidos y, dentro de tu plan de acción, son pasos coherentes y transformadores, adelante, busca el modo de poder permitírtelos, exígete a ti mismo encontrar ese camino para poder vivir esa inversión no como un gasto, sino como un merecido premio.

Lejos de pretender sonar pedante o pretencioso, quiero recordarte que tu entorno condicionará tu vida. Por lo tanto, intenta alejarte de los vampiros energéticos, y de las personas que te tiren para abajo y te alejen de tus objetivos. Si estás rodeado de ellos, tus estándares se volverán mediocres y, en consecuencia, también tus hábitos y resultados.

> Las personas con más éxito tienen los estándares más elevados no solo para los demás, sino también para sí mismos.
>
> SHANE PARRISH, *Pensar con claridad*

Fíjate en los estándares de tus referentes, de esas personas que tienen la vida a la que tú aspiras. Elige imitar su comportamiento y su mentalidad. Aspira a rodearte de ellas. Crear un vínculo con tu referente, convertirlo en tu sherpa o senséi, es una forma increíble de programar tus hábitos a partir de los de esa persona que te gustaría ser. Pero, si no es posible, recuerda que puedes estudiar a esos referentes, analizarlos, escucharlos. Internet los pone a tu alcance.

Espera lo mejor de ti mismo y para ti mismo, no menos, tanto a la hora de dar como de recibir. Nunca lograrás ser excepcional si no elevas tus estándares, aquello que sientes que es posible lograr y que no te dé vergüenza merecer.

En la era digital, las tarjetas de visita son un arte

Yo siempre recomiendo que vayas a los eventos con tarjetas *premium*. Trata de que sean de máxima calidad y acordes a tu marca (en mi caso son elegantes y bonitas). Recuerda llevar siempre material para escribir, una tablet o cuaderno y bolígrafo, sin más. Y toma notas en las tarjetas de los demás sobre sus puntos fuertes para no olvidar nada. El número de tarjetas que lleva la gente es limitado, así que aprovecha los primeros impactos.

Quien madruga se lleva los contactos.

Un *hack* interesante al que recurro cuando recibo una tarjeta, y que quizá te pueda ayudar, es anotar tres cosas en ella: cuándo/dónde he conocido a esa persona, de qué hemos hablado en general y algún dato específico.

Por ejemplo, hace poco estuve hablando en un evento con el CEO de una agencia de comunicación. Me comentó que se iba a Miami la semana siguiente por cuestiones de trabajo, y que era su primera vez allí. Como sabía que yo había estado hacía poco para realizar una serie de entrevistas a diferentes referentes, me pidió recomendaciones sobre restaurantes y alojamiento, y le hice un par. También me comentó que iba a ser un viaje relámpago, porque le pillaba la graduación de su hija.

Cuando regresó, se puso en contacto conmigo para agradecerme la recomendación de los restaurantes y decirme que el alojamiento le había encantado. Por supuesto, yo le pregunté qué tal la graduación de su hija. Concertamos una comida, y surgieron cosas muy interesantes de ella.

Sé generoso al nutrir tus relaciones

Sabes que has construido un vínculo de calidad cuando puedes retomar tu segunda conversación con ese contacto donde dejaste la primera, como si no hubiera pasado el tiempo. Eso quiere decir que la relación ha sido bien nutrida en la distancia. A veces no hace falta mucho, solo pequeños detalles. Por ejemplo, si sabes que a tu contacto le interesa mucho el mundo de la meditación, puedes pasarle el dato de un retiro que esté organizando otro de tus contactos (y de cuya calidad puedas responder), o simplemente un artículo interesante que has encontrado y que resuelve alguna duda que te transmitió la última vez que hablasteis. Me refiero a detalles que demuestren que le escuchas, le conoces, te importa lo que te cuenta y te esfuerzas en generarle valor y ayudarle a crecer.

También puedes mantener informados a tus contactos de las novedades de tu perfil profesional, y ofrecerte a colaborar en algunas acciones; así muestras proactividad y consigues que sepan cómo trabajas. Las personas hacemos negocios con las personas que nos inspiran confianza y nos caen bien. Cuando en un evento te encuentras a una persona a la que hace tiempo que no ves, y su primer saludo es para agradecerte algo o felicitarte por algo, es que lo estás haciendo bien.

Ni con tarjetas y a lo loco… ni el Gollum de las tarjetas

Ya hemos dicho que, cuando asistes a un evento, no se trata de que vayas repartiendo tarjetas como si fueran caramelos y tú uno de los Reyes Magos. De hecho, lo correcto es que realices un estudio previo de quién estará allí, y tengas claro cuáles son los contactos objetivo que quieres realizar y para qué. No le entres a todo el mundo. Escoge con inteligencia. Otro *hack* muy eficaz es decidir primero a quién quieres convertir en tu sherpa o senséi y, según la persona, elegir el evento.

Con tus contactos, mejor francotirador que fusilero.

Pero eso no quiere decir que lleves estrictamente las cinco tarjetas imprescindibles y que las defiendas como un tesoro de todo aquel que se te acerque fuera de tu lista. También hemos dicho antes que, muchas veces, no puedes saber los contactos que tiene la otra persona. Nunca subestimes a nadie. Nunca desprecies el valor de una conversación genuina, de un apretón de manos honesto. Ve a los eventos con una estrategia clara y definida, pero, por supuesto, con la mentalidad abierta para detectar oportunidades fuera de tu plan. Las mejores oportunidades a menudo vienen disfrazadas de una charla inesperada con alguien que no estaba en tu radar. Nunca se sabe. Que viva la magia de la improvisación también, claro que sí.

Sé disruptivo

A mí me ha funcionado. Salte de las normas, piensa diferente, sé creativo. Rompe con aquello que los demás esperan de ti. Es una de las maneras más directas y eficaces de posicionarte, de crear una marca personal magnética. No todo el mundo estará de acuerdo contigo ni gustarás a todos, pero forma parte de los peajes que hay que pagar cuando llevas a cabo esta estrategia de agitación de mercado. Lo importante es que tu comunidad, tus clientes, tus contactos, sean genuinos y fieles, porque les estás dando algo que nadie más les puede ofrecer.

Es un riesgo, obviamente estás arriesgando mucho más que los que se quedan en el *mainstream* y la mediocridad. Pero, si aciertas, contarás con la ventaja competitiva más brutal.

Particularmente a mí me encanta organizar eventos donde los asistentes vayan a ciegas, sin saber lo que se van a encontrar, y que eso sea algo que les sorprenda, les impulse, les catapulte. Los desconcierto con los formatos, con la agenda, con los invitados y referentes que aporto. Siempre intento colaborar con artistas, escritores, famosos, exdeportistas, empresarios o expertos de otras industrias que puedan ofrecernos una perspectiva fresca y diversa. Busco temáticas provocativas o innovadoras, temas poco explorados, o que sean tendencia pero desde una perspectiva diferente, que inviten al debate y a la reflexión, al crecimiento. Junto a mi equipo nos devanamos los sesos para crear experiencias únicas, cuidando los detalles al máximo, adaptando cada evento a los intereses y las necesidades específicos de mis socios, pero buscando, además, que se queden con la boca abierta y pensando varios días en lo que acaban de vivir. Desde mi óptica, es fundamental que exista una gran conexión entre los participantes, y siempre cuidando la horizontalidad. Nadie es mejor que nadie por más logros o por mejor currículum que tenga la persona que está ofreciendo la ponencia. Y el escenario siempre es compartido entre todos.

Sé auténtico

Sé coherente en todas tus acciones y comunicaciones. La coherencia y la autenticidad construyen confianza y te ayudarán a ganar autoridad. Insisto: no intentes encajar en el rebaño. Mantén tu esencia y tu espíritu, no temas mostrarte tal y como eres. Tu enfoque debe ser transparente a todos los niveles de comunicación: redes, marketing, *networking* presencial…

Si eres un comunicador transgresor que usa una identidad verbal gamberra cuando se dirige a su audiencia, no quedará muy coherente que lleves traje y corbata a un evento. Dale tu toque sin pasarte de desubicado, obvio.

Si estás en una reunión, no rías todos los comentarios porque los demás lo hagan. No te muestres de acuerdo con todas las opiniones (desde la educación y el respeto, es evidente). No temas preguntar si no entiendes algo. Aquel que es diferente deja huella. Pero no lo hagas desde la construcción de un personaje. No se trata de dar la nota por dar la nota. Lo que hagas debe ser desde la sinceridad, porque así lo sientes, desde el respeto y la coherencia contigo mismo y con tus objetivos. ¡No vendas humo!

Haz nudismo

Algunos hemos llevado el tema de la autenticidad y la transparencia en nuestra comunicación a niveles casi eróticos. A mí me han dicho: «Nacho, tú haces nudismo financiero», porque no tengo secretos con mi audiencia cuando hablo de mis inversiones o de mi cuenta corriente. Al principio era un poco más reservado, pero fue empezar a soltarme… ¡y ahora soy un libro abierto!

En redes he contado todo: mis inversiones económicas, mis experiencias, mi vida, mis anécdotas, mis miedos, mis inseguridades, la vez que me estafaron, mis sueños, lo que más amo y lo que menos soporto… No digo que tú lo hagas de esta manera, pero esta desinhibición ha sido parte de mi identidad, y me ha ayudado mucho a conectar con la gente, a generar confianza y credibilidad. Todos los que me siguen saben el ser humano que hay detrás de la pantalla. Y, cuando finalmente nos desvirtualizamos en algún evento presencial, la sensación de conocerme es tan profunda que muchos llegan a dudar: «Nacho, ¿seguro que es la primera vez que nos hemos visto en persona?».

Encuentra tu identidad verbal

Esta ha sido una de las teclas que mejor he tocado en los últimos años. Me ha servido como una palanca supereficaz en mi posicionamiento de marca (personal y comercial). Si hablas como todo el mundo, si tu mensaje, tanto en forma como en contenido, es similar al de cientos o miles de personas, ¿por qué deberías destacar? Ya te lo digo yo: vas a pasar desapercibido.

Yo he aumentado mi autoridad en los últimos años gracias a que he creado mi propio lenguaje. Tengo una identidad verbal muy definida, muy «Nacho», según me dicen. Hablo como yo soy, pero eso no quiere decir que mi lenguaje no esté trabajado.

Mis mensajes son claros, sin titubeos ni rodeos. Algunos son más atrevidos. En general, van al grano, están estudiados para ser impactantes. Son una creación propia, pero al mismo tiempo, son auténticos, me nacen de las entrañas. Me siento muy identificado con mi lenguaje, y es una de las cosas que me diferencia de cualquier otro profesional del sector.

Yo siempre digo que conecto con mi audiencia por mi modo de hablar. ¿Conecto con todo el mundo? No, claro, habrá (y doy fe) quien no me soporte. Pero mi propósito no es gustarle a todo el mundo. Yo me dirijo a un grupo en concreto de personas.

Escribe sin miedo

Contacta con gente por redes, marcas con las que quieres colaborar, mentores a los que quieres acceder, colaboraciones, propuestas, entrevistas…

Analiza el mercado y las personas que lo conforman. Únete a las redes sociales de los profesionales y empresas que te interesan y síguelos. Individualiza lo que hacen y cómo lo hacen. Así verás tus puntos fuertes y obtendrás nuevas ideas para mejorar. También serás capaz de entender qué es lo que buscan exactamente y podrás lanzarles una oferta acorde con sus intereses.

¿Quieres salir en algún medio? Escríbeles tú, hazles llegar tu propuesta, muéstrales por qué deberían estar interesados en ti.

Intenta siempre generar una *win-win-win situation*. Si tienes que pagar para entrar dentro de ese radar, paga. Si puedes aportar cualquier otro valor, apórtalo. Pero escribe sin miedo. Muchos te rechazarán, pero a otros les gustará lo que les propones. Y, de ambas respuestas, aprenderás mucho para tus siguientes pasos.

Escribe un libro

Puede que este consejo no sea para todo el mundo, pero, antes de desestimarlo, piensa en grande. ¿Por qué no? Mucho antes de escribir mi primer libro, *Dinerograma*, yo ya tenía claro el discurso que iba a dar en su presentación. Ni siquiera sabía que se iba a titular así, porque ni sabía de qué iba a ir, ni ninguna editorial sabía de mi existencia, pero daba igual. Yo sabía que iba a escribir un libro, y punto.

En aquella época, hacía el trayecto en moto a Sant Cugat y me iba imaginando durante todo el viaje esa presentación y las palabras que pronunciaría. Visualizaba perfectamente que iba a ser en la Casa del Libro de Rambla Catalunya, que iba a llenar la sala de amigos, mentores, socios, clientes, seguidores y familia, y que iba a ser uno de los mejores días de mi vida. Sabía que iba a suceder. Y así fue.

Pero escribir un libro no era solo un sueño (que también). Era una acción estratégica en toda regla. Y, como tal, estaba enfocada en conseguir los siguientes objetivos (puedes buscar estos objetivos con otra estrategia, como un curso online, un pódcast, una *newsletter*, etcétera):

- Exposición y visibilidad: Un libro publicado te brinda una plataforma para difundir tus ideas y perspectivas. Aumentas tu visibilidad y generas oportunidades para ser reconocido como una autoridad en tu campo.
- Profundidad de conocimiento: El proceso de escribir un libro implica investigar, organizar y presentar información de manera estructurada y coherente. Escribir es una de las mejores maneras de aprender.
- Autoridad en el nicho: Un libro te ayuda a posicionarte como un experto en tu nicho específico.
- Credibilidad y validación: El hecho de que hayas escrito y publicado un libro implica un logro significativo. Muestra a los demás que eres un profesional serio y comprometido en tu campo.
- Referencia y recurso: Un libro bien escrito y respetado puede convertirse en un referente. Otros profesionales, investigadores o estudiantes pueden acudir a tu libro como fuente de información y recomendarlo a su comunidad, lo que refuerza tu autoridad en el tema y tu visibilidad.
- Oportunidades de *networking*: Al aumentar tu visibilidad y fortalecer tu autoridad, amplias tu red de contactos y automáticamente estás generando nuevas y poderosas oportunidades.
- Una fuente de ingresos a largo plazo: Escribes tu libro una vez, pero te puede generar dinero de forma recurrente.

¿Cuánto tiempo? Depende, pero es una semilla que has plantado. Además, de un libro pueden surgir otro servicios como charlas, conferencias, cursos, mentorías…

Rodéate de personas que te impulsen

Debes saber que no actúas como actúas libremente, sino que muchas de tus acciones se ven dictadas por algoritmos que están programados en ti, algunos son culturales o evolutivos, otros te os han impuesto la sociedad, tus padres, tu entorno más cercano. Se trata de los llamados «condicionantes predeterminados», y definen tu comportamiento sin que te des cuenta. Dicho en palabras sencillas: sin percatarte, imitas los hábitos de las personas que te rodean. Pueden ser positivos, porque te acercan a tus objetivos, pero también pueden ser limitantes, ya que te alejan de aquello que quieres lograr. ¿Cómo reprogramar esos algoritmos para que te impulsen hacia tus metas?

¡Es de vital importancia que elijas bien a las personas que te rodean! No me cansaré de decirlo y aplicarlo, más que nada porque la gente lo escucha o lo lee, pero no lo lleva a la práctica. Si esas personas están alineadas con tus objetivos, si sus hábitos, sus valores y sus intereses sirven para hacerte crecer, entonces te verás catapultado hacia tus objetivos. Es mucho más fácil mantener en el tiempo una estrategia de esfuerzo y disciplina si el entorno adecuado motiva en ti esos comportamientos. Sin embargo, por mucha fuerza de voluntad que despliegues, si tu entorno es un muro que impide cualquier progresión o intento de evolucionar, estarás abocado al fracaso.

Busca el entorno adecuado a tus objetivos y a tu grado de

conciencia. Si quieres escribir, apúntate a un club de escritura. Si quieres ponerte en forma, únete a un grupo de corredores, o busca comunidades en redes que investiguen y divulguen ese estilo de vida. Si quieres emprender en los negocios, únete a un club de negocios.

No importa lo heterogénea que sea esa comunidad en otros aspectos. No importa si en ese club te encuentras desde un artista *freelance*, hasta directores ejecutivos de empresas y dueños de pequeños estudios o negocios tradicionales. Cuanto más rico sea ese círculo en perspectivas y puntos de vista, más ideas disruptivas y oportunidades únicas se generarán. Pero lo que es indispensable es que esas personas, con las que vas a compartir una gran parte de tu tiempo, te ayuden a reprogramar o sostener tus hábitos en la dirección correcta y a elevar tus estándares.

Usa el sentido común... y la educación

Cuando te aconsejo que seas auténtico y disruptivo, por supuesto, debes hacerlo dentro de los límites que marcan las normas de educación más elementales. Esto incluye la puntualidad y una manera correcta de dirigirse a las personas, tanto verbalmente como por escrito. Lo que te voy a comentar a continuación es de sentido común, pero como bien apunta el dicho, muchas veces, «el sentido común es el menos común de los sentidos»: practica la escucha activa y no interrumpas a otros cuando hablan; tampoco acapares la conversación. No sé qué virus está tan propagado que se apodera de las personas y comienzan a hablar sin pausa alguna, sin frenar ni escuchar. Recuerda, a nadie le gustan los monólogos no solicitados. Cuida también tu lenguaje corporal, transmite más información de la que piensas.

***Talk less, smile more*. Habla poco, sonríe mucho y aporta valor.**

Intenta no presionar a tus contactos, evita la impaciencia. No contactes con las personas de tu red solo cuando necesites algo de ellas. Se sentirán utilizadas y no darás buena impresión. Ya hemos hablado de la paciencia estratégica.

La mejor pauta para contactar por segunda vez con alguien que has conocido en un evento, tanto a nivel de estrategia como de educación, es hacerlo después de un mínimo de doce horas y antes de un máximo de cuarenta y ocho horas. Recuerda (también lo hemos dicho antes) que si no recibes respuesta, puedes contactar con esa persona al cabo de unas semanas, pero nunca una tercera vez. Quedas pesado y resulta evidente que ese contacto no quiere o no puede contestar por el momento.

No seas tímido y explota al máximo todas las oportunidades que tengas de conocer a otros profesionales. Pero tampoco seas invasivo, por favor. Aprende a detectar cuando una persona necesita tiempo y espacio. A veces, no es el momento.

Otro punto clave (pero muuuy clave): hazte amigo del que manda, del organizador. Preséntate siempre a quien organiza el evento. Además de ser un detalle de cortesía, es una buena estrategia. Esa persona conoce a los ponentes y demás invitados influyentes. Esa persona te va a ayudar a meterte en el radar de los contactos que te interesan y, por qué no, a que tú mismo te subas al escenario algún día, por ejemplo.

Otro *tip* importante: cuando propones quedar con alguien, ¡invitas tú! Y lo llevas a un sitio caro, de ser posible. Es así. Son reglas no escritas que hay que seguir, sobre todo con gente de dinero y alto poder adquisitivo.

Accede a las agendas de los millonarios

No todos los buenos contactos son millonarios ni todos los millonarios son buenos contactos. Ahora bien, la gran mayoría de las personas muy adineradas son contactos muy valiosos, auténticos núcleos de influencia que pueden convertirse en inversores, socios, mentores, sherpas o sponsors y conectarte a otros círculos de influencia igual de poderosos. Son conectores natos y, aunque el acceso a ellos no resulta fácil ni barato, cuando te ganas su confianza y demuestras tu valor, son increíblemente generosos a la hora de compartir su agenda y ayudarte en tus objetivos. ¡Te hablo por experiencia propia!

Una de las cosas que he constatado a lo largo de todos estos años al relacionarme con millonarios, grandes empresarios o referentes a nivel mundial, y que al principio me sorprendió, es, precisamente, esa generosidad con la que comparten sus contactos, su experiencia y su sabiduría. Voy a contarte una anécdota como ejemplo, aunque podría explicarte muchas más.

Hace dos o tres años me encontré por casualidad con un amigo del club de tenis, Sergi, que para entonces trabajaba como CEO fundador de una gran empresa y se había hecho multimillonario años atrás. Estuvimos charlando un rato en las calles de Barcelona, donde yo había pegado el frenazo con la moto al reconocerlo, y quedamos a la semana siguiente para ir a cenar.

—Sergi querido, tengo muchas ganas de que nos pongamos al día —le dije con afecto sincero—, y quiero que me cuentes exactamente qué has hecho para lograr todo este éxito en los últimos años. De verdad que me parece un caso digno de estudio, me interesa muchísimo el proceso. ¡Me encantaría saber paso a paso lo que hiciste! —le comenté.

—¡Cuenta con ello! —Me sonrió.

Mi curiosidad y hambre de conocimientos se disparan automáticamente ante cualquier persona que haya logrado metas tan elevadas, y siempre estoy ansioso por aprender y preguntar. Pero lo que más ilusión me hacía era charlar con mi viejo amigo, de lo que fuera, como si acabábamos recordando anécdotas y partidos del club. Sin embargo, Sergi, cuando entró en el restaurante donde había reservado mesa para la cena a la que pensaba invitarle, apareció con un montón de libretas, papeles y una tablet.

—¡Qué cargado vienes! ¿Muchas reuniones? —le pregunté, extrañado.

—No, Nacho, todo esto es para ti —me contestó, desplegando aquel arsenal sobre la mesa. De hecho, el camarero se apresuró a juntarnos otra, porque pronto se demostró que iba a quedarse pequeña—. He pasado todo el día recopilando apuntes que puedan servirte. Mira, he hecho una pequeña biografía de hitos que he conseguido, los diferentes vehículos de inversión en los que invierto, como fondos indexados, bienes raíces, fondos cotizados, el plan de negocios que implementé en la anterior empresa, he resumido parte de mi filosofía de trabajo y hasta te he traído aquí una lista de las diez lecturas que más me han ayudado en mi vida…

—Pará, pará… —le interrumpí, alucinado—. ¿Todo esto lo preparaste para responder a mi pregunta del otro día?

—¡Te prometo que sí! Me hizo muchísima ilusión tu interés. Generalmente, a la gente no le importa entender o escuchar el proceso, lo que quieren es que les des una varita mágica para llegar a tus mismos resultados saltándose todo el esfuerzo. Tú has sido el primero que me ha pedido esto en toda mi vida, ¡y tengo cuarenta y siete tacos! Pensé: «Mira, alguien con muchas ganas de aprender». ¡Te prometo que dormí poco anoche organizando apuntes y preparando todo esto!

Uaaau. ¡Y vaya si aprendí! Lo que recibí en aquella cena podría compararse con alguno de los másteres empresariales y de mentalidad más costosos del mundo. Pero, sobre todo, confirmé que muchos millonarios están deseando ayudarte. Eso sí, debes saber ponerte en su radar con humildad, mostrando interés (con una marca personal trabajada, va a ser más sencillo acceder) y generando un valor que te convierta en una persona interesante para ellos.

Algunos de los *tips* que pueden servirte para lograr esos contactos millonarios son:

- Conviértete en su cliente. Por ejemplo (ya lo hemos visto), invierte en formaciones con ellos. Cómprales sus asesorías, cursos, mentorías. Me ha servido, lo he hecho, lo sigo haciendo y jamás dejaré de hacerlo.
- Procura estar donde ellos están: clubes privados, espacios de oficinas de alta gama, gimnasios exclusivos, campos de golf, clubes de tenis, restaurantes caros. Generalmente están entre semana, muchas veces los encuentras en horarios que no son de máxima afluencia. Invierte en estas experiencias.
- Sé tú mismo una persona de valor, esa persona que tiene tiempo para ir un martes a las once de la mañana a jugar al tenis, al golf o a un desayuno empresarial. El *networking* en este aspecto se vuelve caro.

- Acude a eventos, experiencias, conferencias y congresos. Tienes que saber cuáles existen, dónde están, a quién quieres contactar y acercarte a esos lugares.
- Aprovecha las redes sociales. Muchas veces tenemos acceso DIRECTO a ellos.
- Trabaja como voluntario en sus empresas u organizaciones. Mostrándote proactivo y generoso. Que vean cómo trabajas y qué valor puedes aportar. Lo hice a los treinta y tres años. Empecé a trabajar gratis en una empresa mientras yo tenía la mía en Costa Rica. Esto pocas personas están dispuestas a hacerlo, yo lo hice unos años atrás siendo empresario y empleado/becario a la vez.
- Ten un pódcast, un canal de YouTube u otro canal de difusión y llámalos para entrevistarlos. A muchos millonarios o personas exitosas les encanta contar su experiencia. Un pódcast es una palanca enorme para llegar a ellos y estrechar lazos.
- Obviamente, trabaja tu marca personal. Si tienes un producto, servicio o *expertise* que genera impacto en muchas personas, eso te va a dar autoridad y posicionamiento, y vas a ser un imán para conectar con gente de nivel.
- Utiliza servicios de asesoramiento financiero: tengo buenos amigos asesores financieros y en varias ocasiones me han ayudado a establecer contactos con millonarios y otros inversores de alto patrimonio. De hecho, varios de estos asesores organizan eventos para conectar a sus clientes. Aprovéchalos. Nunca se sabe qué puede salir de este tipo de experiencias.
- Organiza unos premios y premia a ese contacto objetivo que quieres hacer. Requiere de una buena inversión, pero

> si sabes moverte bien puedes encontrar patrocinadores que costeen la gala. Si premias a un gran empresario, político, escritor, artista o referente por su carrera profesional, por el impacto que ha creado, por su modelo de gestión... tienes el vínculo asegurado. Aunque nutrirlo y hacerlo crecer, dependerá, como siempre, de que mantengas una buena estrategia a largo plazo.

¿CÓMO LO HAGO YO? Nunca jamás espero que los millonarios venga a mi casa de primeras.

Mientras escribo estas líneas, me he dado cuenta de que está a punto de cumplirse un año del viaje que hice a Estados Unidos para acudir a un evento de alto nivel. Cuando tomé la decisión no sabía quién asistiría, ni cómo sería el evento ni nada de nada (luego ya hice los deberes, empecé a mover hilos y tejí un plan para llegar a las personas correctas). Pero lo que sí sabía desde el primer momento, y por lo que no dudé ni un instante, es que la única manera de que sucedan cosas diferentes es estar con gente afín, rodeado de referentes y distintos profesionales que puedan aportarte valor. Y para eso, para conectar con otras personas, hay que invertir, tiempo, dinero y energía. Destiné varios miles de euros a ese viaje, ¿y qué pasó?

Pues que de ahí salieron amistades, colaboradores, conferencias, patrocinios, sinergias, proveedores, viajes, oportunidades, entrevistas, crecimiento y clientes nuevos. Se me abrió un mundo de posibilidades e información privilegiada. Generé alianzas top, gané más dinero en cuestión de meses, más conocimientos y un *networking* de calidad.

A raíz de aquel viaje a Miami surgieron viajes a Argentina, Colombia (dos veces), otra vez a Estados Unidos, y un sinfín de hermosas oportunidades como clientes nuevos, proveedores de nivel, conferencias, *masterminds*, nuevos mentores, etcétera. Todos esos viajes me supusieron una nueva inversión de dinero en pasajes, hoteles, gastos, etcétera. De todos ellos obtuve ganancias, no solo económicas. ¿Qué garantías tenía de que eso sucediera así? NINGUNA. Pero nunca vacilo ante este tipo de inversiones, porque estoy convencido de que tienen asimetría positiva: muy poco que perder y muchísimo que ganar. Como siempre decimos por estos entornos:

Sin inversión de energía, tiempo y dinero no hay conversión.

¿Por qué te comento estas cosas? Para que veas por ti mismo la importancia que concedo a relacionarme con la gente. La consecución de objetivos y el amplio abanico de posibilidades que te ofrece acudir a eventos donde coincides con personas con los mismos intereses es lo que te catapulta, lo que te lleva a otro nivel, lo que hace que valga la pena cualquier inversión. Siempre lo he dicho y no me cansaré de repetirlo: gracias a eso tengo la vida que tengo, puedo vivir como quiero.

En los próximos meses cruzaré en varias ocasiones el charco para viajar a Colombia, México, Costa Rica, Estados Unidos, Bali y Argentina, y daré la vuelta a toda España con eventos por diferentes ciudades como Madrid, Barcelona, Valencia, Málaga, Bilbao y Sevilla. En estos destinos crearé desayunos empresariales y *afterworks* de emprendedores, acudiré a nuevas formaciones, *masterminds* y grandes eventos, y también organizaré experiencias increíbles para nuestros socios del club. Cuantos más contactos, sinergias e información adquiero, más magia se genera y más la comparto con mi gente. De esta manera, todos crecemos y progresamos. Es la rueda de la abundancia y la alta oportunidad.

Justo hace dos días que colgaba en una *story* de Instagram todos los miles de clientes que hemos tenido en los últimos años. Cuando veo estos números, me doy cuenta de la enorme dimensión del impacto que estamos generando en tantas personas. Siempre comento que los éxitos de mis clientes son mis éxitos. Y no es una frase hecha, es la realidad, es lo que nos avala como profesionales. Tomar conciencia de ello me alegra el alma.

Cuatro ejercicios prácticos que te ayudarán a elevar tu red de contactos

Te recuerdo que puedes adaptarlos a tu propia experiencia y a cada situación. Son solo un ejemplo de las numerosas técnicas que te pueden ir bien para mejorar la eficacia de tus acciones. En mi página web, en el contenido que voy subiendo a Instagram, o en los talleres y *masterclasses* del club, encontrarás más pautas y consejos prácticos para aplicar a tu *networking*.

1. Marca tus contactos objetivos antes de un evento

Este es un ejercicio que te recomiendo que realices unos días antes de asistir a cualquier evento importante, y que consiste, simplemente, en contestar las siguientes preguntas. Es importante que lo hagas por escrito, y que te tomes tu tiempo para investigar, reflexionar y analizar el porqué de tus respuestas.

Nombre y fecha del evento:

....

¿Cuáles son los cinco invitados con los que más me interesa contactar?

....

....

....

....

....

Qué quiero conseguir de ese contacto a corto y largo plazo:

....

....

....

....

Qué puedo ofrecerles a corto y largo plazo:

....

....

....

....

¿Cuál es el invitado principal que estará en mi punto de mira?

....

Qué pregunta corona le haré:

....

....

La pregunta corona

Es una pregunta que incluso te diría que debes llevar preparada de casa, pues implica un conocimiento previo de la otra persona, de su carrera y biografía profesional, y también de su psicología, de sus intereses... Debe ser una pregunta que invite al interpelado a hablar de sí mismo, que le haga sentir bien, que no sea incómoda, pero que al mismo tiempo ponga en valor tu capacidad de escucha y de análisis. La pregunta corona debe generar simpatía hacia ti y dejar huella en la memoria del que la recibe.

Por ejemplo, imagina que estás ahora en la presentación de este libro, *Núcleos de influencia*. Imagina que es el turno de preguntas, que te levantas y me dices algo como esto:

—Hola, Nacho, me ha encantado la presentación, te sigo en redes desde hace tiempo. Me leí *Dinerograma* en un momento de mi vida en el que estaba muy bloqueado económicamente y me ayudó a cambiar mi relación con el dinero...

—¡Bárbaro, me alegro mucho!

—Gracias. Verás, durante esta presentación has comentado varias veces que hay una parte del *networking* que es cara y que, por lo tanto, hay que prever una cierta inversión. Pero también has dejado claro que el *networking* estratégico y una red de contactos de calidad generan oportunidades para ganar más dinero. Mi pregunta es: ¿en qué orden recomendarías leer tus libros? ¿Antes *Dinerograma*, para tener una relación sana con el dinero y más posibilidades de inversión? ¿O antes *Núcleos de influencia*, para tener esa red de contactos en expansión que nos ayude a entrar en una mentalidad de abundancia?

Ya me has caído bien. Automáticamente. Y mientras te estoy contestando que cualquier orden puede ser el correcto, ya que las enseñanzas entre ambos libros son muy transversales y se complementan en cualquier sentido, te aseguro que me estoy quedando con tu cara, y que después, durante el cóctel, voy a buscarte para preguntarte tu nombre, darte la mano y agradecerte la pregunta.

Porque sé que ha sido una pregunta corona. Porque has generado una conexión inmediata conmigo, me has provocado intelectualmente, pero no de una forma incómoda, me has hecho sentir bien. Me has motivado a desarrollar mi discurso desde una perspectiva nueva e interesante para mi público, me has generado valor y simpatía, me has mostrado tu sincero interés y has apelado a mi vanidad. ¡Bravo!

2. Beneficios cruzados

Para detectar si una relación es sana y beneficiosa para ambas partes, hay un ejercicio muy sencillo y poderoso que consiste en identificar los conceptos siguientes:

- ✓ Lo que tú necesitas (por ejemplo: dinero, un inversor, etcétera).
- ✓ Lo que tú puedes aportar (por ejemplo: experiencia, conocimientos, un modelo de negocio, etcétera).
- ✓ Lo que necesita el otro (por ejemplo: un proyecto en el que invertir).
- ✓ Lo que puede aportar el otro (por ejemplo: dinero).

Si, al cruzar los cuatro puntos, obtenemos un esquema como el de la figura que te muestro a continuación, está claro que nos encontramos ante una relación equilibrada, perfecta, altamente beneficiosa para ambas partes, y fuente de satisfacción, oportunidades, sinergias y crecimiento. Eso sí, para que el vínculo sea cada vez más fuerte y duradero en el tiempo, ambas partes deberán mantener un compromiso de comunicación, confianza, generosidad, transparencia y evaluación continua con la intención puesta en los objetivos comunes.

Debemos identificar el dolor para el que somos cura.

3. Identifica tus líneas rojas

Que abordes el *networking* estratégico desde la generosidad, con el ánimo y la intención de generar valor en los demás, no significa que no tengas unos límites claros sobre lo que supone un pacto ético para ti y lo que esperas de una relación beneficiosa. Solo tú puedes decidir dónde están tus límites, y debes hacerlo dentro del marco de tu plan estratégico, adaptándolos a cada vínculo y a cada situación concreta.

Partiendo de la base de que, como decíamos antes, la paciencia es necesaria, ya que la planta no da frutos de inmediato, y aceptando que el *networking* es una carrera de fondo, con el foco puesto en los objetivos a largo plazo, puedes decidir consciente y estratégicamente hasta dónde quieres invertir y, por supuesto, qué y cuánto estás dispuesto a esperar.

Por ello, establecer unas líneas rojas para cada relación te ayudará a saber cuándo ha dejado de ser esta un valor estratégico en tu red de contactos y es el momento de reconducirla o de darla por zanjada. Las líneas rojas se basan en el autorrespeto, y pueden funcionar como una alarma que te avisa de que te estás alejando de tu objetivo, o como señal de que esa relación se ha convertido en un pacto sin retorno. En una relación basada en la confianza y en la ética, cuando alguien supera una línea roja, suele ser el aviso de que no hay vuelta atrás.

Te recomiendo que, a la hora de establecer un vínculo, tengas claros estos elementos y los definas específicamente desde un principio:

- Qué línea roja vas a trazar para ese amigo o contacto.
- Exprésala de manera transparente. Evita ambigüedades. Deja claro que es un línea roja.
- Determina una forma medible y consensuada de establecer ese escenario que no puede ser alcanzado.
- Establece las consecuencias detalladas de que esa línea roja se haya sobrepasado.
- Especifica cómo se implementarán esas consecuencias y en qué tiempos (por ejemplo, puedes consensuar que se disolverá el pacto solo cuando los negocios en marcha queden resueltos, y que no se iniciarán nuevos durante el proceso de disolución, y establecer un tiempo máximo para ello).

4. Tu libreta de favores

Esta herramienta me la pasó mi buen amigo Jaime, y me pareció un consejo interesante. Aunque debo admitir que aún no la he utilizado, me apetece compartirla. Me contó que, desde hace años, lleva un control «profesional» de los favores que hace y de los que recibe. Los va anotando detalladamente en una libreta, donde tiene una cuenta abierta con diferentes personas.

—Ojo, Nacho, no lo hago para exigir que me paguen las deudas, ni para sentirme yo mismo en deuda —me aclaró—. Cuando yo hago un favor, lo hago de forma genuina, sin esperar nada a cambio, por el placer de hacerlo. Pero eso no quita que un favor sea algo muy muy valioso, tanto para el que lo hace como para el que lo recibe. Por eso, merece quedar registrado. Para no caer en el olvido. Porque quizá un día debas recordar que le debes mucho a alguien. O necesites acudir a una persona que te deba un «favor de vida».

—¿«Favor de vida»? —le pregunté—. ¿A qué te refieres con eso?

—Mira, yo tengo en mi libreta a tres personas que sé que me deben un favor de vida. Son personas en las que he invertido mucho, les he dado mucho, me he dedicado en cuerpo y alma a generarles valor y aportarles beneficios. Y nunca, jamás de los jamases, les he pedido nada a cambio. Cada una de estas personas, si de repente me arruinara o me pasara algo grave, sé, con seguridad, que sacarían a mi familia adelante. Y no solo por el afecto que nos profesamos, que también. Con cada una de ellas tengo relaciones muy bonitas. Pero, sobre todo, sé que lo harían porque me lo deben. ¡Ojalá no tenga que pedirles nunca ese favor de vida! Pero la sensación de seguridad y riqueza que me aporta saber que en mi libreta tengo esos valiosos activos a mi favor, es indescriptible.

Me di cuenta de que mi amigo había puesto en palabras, y en metodología, algo que yo ya sabía de manera intuitiva. De hecho, en apenas un par de segundos, fui capaz de detectar en mi red de contactos a esas personas que me «deben» un favor de vida, personas a las que he dado, dado, dado, sin esperar nada a cambio, y sin malgastar esa poderosa asimetría pidiéndoles favores carentes de valor, personas a las que ojalá nunca tenga que pedir ese favor de vida.

Y, del mismo modo, yo sé también a quiénes debo favores de vida. Y aquí me tendrán cuando me necesiten.

Tercer paso concluido…

Los puntos de tu red para accionar

- ✓ El primer paso es diagnosticar tu agenda en función de tus objetivos. Pregúntate qué contactos pueden acercarte a ellos y qué puedes aportarles tú a cambio.
- ✓ Valorar y clasificar tus contactos no significa apartar de tu vida a personas valiosas. Significa ser consciente de que el tiempo y la energía son recursos que debes gestionar estratégicamente.
- ✓ Detecta entre tus contactos a mentores, semejantes, decisores, enlaces, promotores, y determina qué relaciones de tu agenda son improductivas, intrascendentes, productivas o rentables. Decide el tiempo que vas a dedicar a cada uno.
- ✓ Conecta por teléfono, a través de redes, comprando formaciones, buscando enlaces, acudiendo a eventos. Haz tanto *networking* digital como presencial. Nunca subestimes el poder de la presencia
- ✓ Sé metódico. Organiza tu calendario social con criterio. Lleva un registro de tus acciones y de sus resultados. Haz seguimiento y evaluación.
- ✓ Genera opcionalidad. Invierte tiempo, dinero y energía en estar en los lugares adecuados y en el radar de las personas correctas. Si haces cosas diferentes, pasarán cosas diferentes.
- ✓ Aprende a detectar y romper las barreras del *networking* mediante tu poder de influencia, tu generosidad y tus habilidades de comunicación.
- ✓ Sé disruptivo y auténtico. Deja huella allá donde vayas, siempre desde el respeto y la educación.
- ✓ Invierte dinero. En formación, en viajes, en elevar tus están-

dares y rodearte de gente que esté allá arriba, donde tú quieres estar, que te impulse y te inspire.

- ✓ Invierte en clubes. Ha sido mi estrategia más eficaz durante años.

Epílogo

Recapitulación de los tres pasos para convertirte en un auténtico núcleo de influencia

A continuación voy a hacer un resumen breve y conciso de las tres partes en las que he dividido este libro. Cada parte corresponde a uno de los pasos que deberás dar para construir esa red estratégica de contactos de alto impacto que te catapultará hacia tus objetivos profesionales, económicos y personales.

Aunque los pasos estén numerados del 1 al 3, y sigan cierto orden lógico para guiarte si comienzas desde cero en esto de incrementar tu capital social, todas las enseñanzas de este libro son absolutamente transversales, y muchas veces tendrás la sensación de que estás dando los tres pasos a la vez. Y eso también es correcto. Por ejemplo, el cambio de *mindset* debería hallarse entre tus primeros objetivos, sin embargo, es un proceso que deberás seguir trabajando aunque te encuentres en las acciones más avanzadas de tu plan estratégico. Y es importante que tengas cuanto antes una marca personal bien construida, pero, a medida que tu red vaya creciendo y te rodees de los mentores y referentes adecuados, tu marca evolucionará con toda seguridad hacia estándares más elevados. En resumen, todas las herramientas, recursos y conocimientos de este libro son sinérgicos entre sí y, cuanto más progreses en su implementación, más se potenciarán entre ellos, en un proceso de crecimiento y evolución constante.

Paso 1: Construye tus cimientos

Desde que somos pequeños, la sociedad, la cultura y nuestro entorno más cercano nos imponen creencias inconscientes que nos acompañan durante toda nuestra vida, predeterminando nuestro comportamiento y, por lo tanto, nuestro destino.

Para poder realizar un *networking* realmente eficaz, es importante que dinamites esos cimientos viejos hechos de prejuicios limitantes que te están anclando a una mentalidad rígida, de no crecimiento. Debes construir nuevos cimientos, cambiar tu visión sobre las relaciones y la estrategia, y poner en tela de juicio tu propia mentalidad. Y, desde luego, debes abandonar esa idea «romántica» del amor o la amistad cien por cien desinteresados, y comprender que las relaciones son el capital más importante con el que cuentas para cumplir tus sueños y lograr la felicidad.

Por consiguiente, que sean interesadas no es algo negativo, al contrario, trabajar estratégicamente tu red de contactos es la manera más honesta y generosa de cuidarte a ti mismo y a los demás. Solo desde una mentalidad de crecimiento y abrazando el pensamiento estratégico como tu filosofía vital, podrás descubrir qué vida quieres, y rodearte de las personas adecuadas que te ayuden a lograrla.

Paso 2: Eleva tu marca

Hacer el cambio de *mindset* y tomar conciencia de la importancia de una red estratégica de contactos te pondrá en marcha de inmediato. Pero, antes de pasar a conectar con los demás, es esencial que, primero, lo hagas contigo mismo.

Debes averiguar quién eres, qué quieres y cuál es la vida que deseas.

El autoconocimiento será la herramienta clave para que descubras cuáles son esas pasiones que te encantaría que se convirtieran en tu modo de vida. Elige aquellas en las que eres realmente bueno (o puedes llegar a serlo) y que además aportan valor a los demás. Y, una vez que tengas claro quién eres y qué vida quieres, diseña con estratega la forma de influenciar e impactar a cuantas más personas para volverte una marca relevante y bien posicionada.

Muéstrate con autoridad. Gánate el derecho a ser escuchado. Construir una marca personal magnética y bien posicionada hará que las personas quieran formar parte de tu núcleo de influencia, hacer equipo contigo, ayudarte a lograr tus objetivos.

Pero recuerda: esa marca personal tiene que proyectar quién eres de verdad, desde la transparencia y la honestidad. Tienes que convertirte en una persona interesante y carismática, que genere auténtico valor en los demás y que sea capaz de influir en sus decisiones.

Paso 3: Acciona

Y ahora sí, con la mente amueblada, con una marca personal magnética y bien posicionada, y con tus habilidades de influencia y persuasión al máximo, ya puedes iniciar tu plan de acción para crear, expandir y mantener una red estratégica de contactos que te catapulte hacia la vida de tus sueños.

Comienza buscando en tu propia agenda. Diagnostícala con ojo clínico, pregúntate qué tipo de relaciones tienes, si te alejan o te acercan a tus objetivos, cuánto tiempo inviertes en ellas y qué obtienes a cambio. Detecta a aquellas personas que pueden convertirse en tus mentores y a los semejantes que pueden acompañarte en tu camino. Y planifica tu tiempo, tu energía y tu dinero para conectar, aportar valor y crear sinergias con todos ellos.

Invierte, invierte, invierte en tu red de contactos. Fórmate en profundidad, eleva tus estándares, apúntate a clubes, acude a eventos, colócate en los sitios adecuados donde están las personas correctas, entra en sus radares y genera opcionalidad a raudales.

Conclusión

Tu destino está en tu red de contactos

> No puedes volar con las águilas si continuas mezclándote con los pavos.
>
> Zig Ziglar

Tony Robbins, el famoso autor y orador motivacional estadounidense, asegura que tus ingresos serán los ingresos medios de las cinco personas con las que pasas la mayor parte del tiempo. Este paradigma ya lo había creado antes Jim Rohn. Y el doctor David McClelland, de Harvard, descubrió que tu grupo de referencia, es decir, ese grupo de personas con las que te relaciones de manera habitual, determina el 95 % de tus éxitos o fracasos tanto en tu vida personal como en la profesional.

Por poco que busques, encontrarás decenas de estudios de este estilo que demuestran la enorme importancia de elegir tu entorno con conciencia, criterio y estrategia, focalizándote en tus objetivos, en aquello que quieres lograr en la vida. Ya te lo he dicho más veces a lo largo de este libro, y no me canso de repetirlo en mis formaciones, talleres y contenido en redes, pero es que es tan trascendental que, por supuesto, debía incidir en ello una vez más en esta conclusión: elige bien la gente de la que te rodeas.

De manera inconsciente nos volvemos como las personas que tenemos cerca. Adoptamos sus creencias, sus hábitos y, al final, compartimos sus destinos.

> Si dejas un trozo de carbón apagado junto a uno candente, o el encendido se apagará o el apagado volverá a prender.
>
> EPICTETO, *Discursos*

¿Quiere decir eso que tienes que romper con tu entorno de la infancia, con tu familia? Nooo. Esto no va de romper, va de construir. Y yo no creo que construir tu entorno de forma estratégica deba suponer un golpe brusco ni doloroso en ningún sentido. De hecho, es una transición que sucede de manera natural en cuanto empiezas a ver las relaciones de un modo estratégico. Recuerda que «estratégico» solo significa emprender las acciones adecuadas para cumplir un objetivo. Hace poco, hablando precisamente sobre este tema con una especialista en fitness en una entrevista que me hizo para su canal de YouTube, le puse un claro ejemplo: si yo quiero verme más fuerte o perder peso, una acción estratégica sería pasar más tiempo contigo, porque me va a ayudar a lograr mi objetivo. Y ese tiempo lo sacaré de otras personas que no me aporten en ese sentido.

Las relaciones estratégicas son así de simples y de honestas. Y de necesarias. ¿De verdad quieres estar rodeado de personas que no hayas elegido conscientemente, que no te aporten, que no sumen a tu proyecto de vida?

> Si no escoges a las personas que forman parte de tu vida, las personas que acaben rodeándote estarán ahí por casualidad y no por elección.
>
> SHANE PARRISH, *Pensar con claridad*

A medida que vayas focalizándote en tus nuevas inquietudes y necesidades, y te vayas relacionando con gente nueva que sume valor a tus acciones, verás cómo tus prioridades se irán organizando de forma natural.

Cuando empezamos a tener más claridad de hacia dónde queremos ir y cómo queremos vivir, nuestro entorno se va amoldando poco a poco a esos objetivos. Esa es la auténtica base del *networking* estratégico: saber que tu destino está en tu red de contactos, y cuidar de esos contactos como lo más preciado que posees.

Para finalizar, y a modo de resumen, aquí va una enumeración de algunos de los infinitos beneficios y recursos que vas a encontrar en tu red de contactos cuando comiences a trabajarla estratégicamente. Te dejo un espacio al final para que incluyas tú aquellos otros que se te ocurran. Concédete unos minutos para pensarlos. Te sorprenderá que, por muy larga que hagas la lista, siempre hay algo nuevo que puedes anotar.

- Información privilegiada
- Ideas novedosas, creativas, pioneras
- Mentores, senséis, sherpas, referentes
- Socios, colaboradores, proveedores, sponsors, empleados, inversores
- Sinergias provechosas. Oportunidades de negocio
- Un mercado ilimitado de recursos
- Soluciones a problemas
- Pensamiento crítico
- Acompañamiento, motivación
- Oportunidades de ayudar a otros, de contribuir al bien común
- Desarrollo de las habilidades comunicativas, de liderazgo e influencia

- Nuevas relaciones, una red en continua expansión
- Acceso a ofertas de empleo diferentes
- Una mejor gestión de los problemas laborales
- Formación, mentorías, clases, talleres, másteres…
- Asesoramiento de profesionales acreditados en diferentes disciplinas
- Herramientas de desarrollo personal y autoconocimiento
- Visiones disruptivas
- Mayor resistencia al estrés, disminución de los niveles de ansiedad
- Amistades, experiencias, disfrute…

La vida que mereces

> Siempre estoy trabajando. O al menos para los demás, porque para mí se trata de un juego. Y por eso sé que nadie puede competir conmigo. Porque solo estoy jugando, durante dieciséis horas al día. Si otros quieren competir conmigo, van a trabajar y van a perder. Porque no van a hacerlo durante dieciséis horas al día, siete días a la semana.
>
> ERIC JORGENSON,
> *El Almanaque de Naval Ravikant*

Me siento bastante identificado con la cita anterior. Es imposible competir contra alguien que está jugando. La ventaja competitiva es enorme. Yo me siento así desde hace muchos años, e inmensamente agradecido y orgulloso por la vida que he logrado.

Voy a citarme a mí mismo, porque no encuentro mejores palabras que estas que ya escribí en mi anterior libro. Para mí no hay mayor signo de abundancia que vivir la vida que deseas y dedicar tiempo a las personas a las que quieres y a aquello que has decidido hacer libremente.

«Libertad, amor y relaciones, esa es la verdadera riqueza».

Uno de los últimos contenidos de carácter personal que subí hace poco a mi Instagram fue una serie de *stories* con unas fotos que encontré del año 2016, de la época en Costa Rica, y que me provocaron una mezcla de nostalgia y sorpresa al constatar todo lo que había conseguido desde entonces y en tan poco tiempo. En las fotos aparecemos mi pareja Annie y yo montados en el Honda CRV del 98 que habíamos comprado con la ayuda de mis padres y los suyos, cargados hasta los topes con ropa, percheros, bisutería, planchas, mesas y datáfono, que llevábamos de acá para allá para vender en diferentes ferias, eventos y mercadillos humildes, muy humildes. Empezamos sin recursos, con dos maletas llenas de ropa y escaso conocimiento, pero muchas ganas de crecer y aprender. Teníamos hambre y eso se notaba. Por aquellos días, comencé a construir una minicomunidad en Instagram, éramos menos de mil personas, sobre todo conocidos, familiares y amigos, que seguían el proceso que iba documentando sobre nuestra aventura en aquellas tierras.

Poco a poco, fuimos mejorando el producto, la marca, el *branding*, el cliente ideal... En cuestión de dos años crecimos y nos posicionamos como una marca de ropa europea de una calidad más alta que la media, llegamos a tener nuestra propia tienda en un centro comercial top, diferentes puntos de venta por todo el país y accedimos a un círculo privilegiado y de alto poder adquisitivo de Costa Rica y Centroamérica.

Como ya he comentado, en el año 2018 nos volvimos a Barcelona, porque sentí, y mi pareja estuvo de acuerdo, que aquella no era la vida que realmente queríamos. Pero tengo recuerdos increíbles que me llenan de alegría y agradecimiento: los colores de las playas, la música, los atardeceres en el Pacífico y, sobre todo, aquella sensación absoluta de descaro y atrevimiento, que he conseguido preservar y que espero no perder nunca.

Si por aquellos días me hubieran dicho que en unos pocos años conseguiría todo lo que ahora tengo, habría pensado que era absolutamente imposible, pero no lo era: la increíble familia que he formado junto a Annie y mis hijos, Bruno y Marina; el club ÉXTASIS, que, junto a ellos, es el proyecto de mi vida; todas las personas que me han guiado y acompañado en el camino y siguen a mi lado; la comunidad de amigos y familia que no deja de crecer; la marca personal con influencia y con autoridad que he conseguido en apenas unos años; los hitos que sigo desbloqueando; las experiencias maravillosas que forman parte de mi día a día...

Y si hay algo por lo que estaré eternamente agradecido es por haberme atrevido, probado, vivido, experimentado, viajado, curioseado y bicheado de todo un poco. ¡Y lo sigo haciendo, claro! La vida pasa más rápido de lo que a todos nos gustaría, y no hay peor condena que una vida no vivida ni gozada como uno quiere o se merece.

Somos muchísimo más responsables de la vida que tenemos de lo que nos permitimos creer o nos confesamos a nosotros mismos. Y muchas veces (apostaría a que casi todas), el arrepentimiento de no habernos atrevido a hacer algo es infinitamente peor que el de haberlo probado. Vivir una vida u otra depende, sobre todo, de nosotros.

Cuando subí esas fotos de Costa Rica pensaba en Martina y Bruno, pensaba en que me hacía muy feliz dejarles un legado, no solo económico, sino un legado de vida, mostrarles que papá y mamá empezaron desde abajo y se atrevieron siempre a probar, aprender y crecer, siempre desde el optimismo, la alegría, la energía positiva.

¿Y sabes lo más bonito de todo? Que a los pocos minutos de subir estas *stories*, me llegó el siguiente mensaje:

> Hola, ahí te conocí y hace poco, escuchando tu pódcast, lo relacioné. En una feria en Escazú, una familia de argentinos recién llegados a Costa Rica, y vos y tu mujer nos atendieron tan amorosamente que nunca se me fue la imagen de ambos. ¡Ni hablar la preciosidad de la ropa de Nice Nest Barcelona. Abrazo.

Uaaau. ¿No te parece que esto resume muy bien la magia de la que hemos estado hablando a lo largo de todo el libro? Ocho años después de haber tenido un encuentro *random* entre desconocidos, donde fluyeron la conversación y la linda energía, esa persona resulta que ahora es seguidora de mi pódcast (por pura casualidad) y se toma su tiempo para, desde otra parte del planeta, agradecerme aquel momento de genuina conexión entre personas. En serio. ¡Uaaau!

Y no puedo estar más feliz de haber convertido esa forma mía de ser, esa pasión de conectar a la gente y de conectar con la gente, en mi medio de vida, en mi modo de aportar valor a los demás. Hoy día, me levanto y estoy enamorado de la vida que tengo. A riesgo de parecer un poco cursi, no puedo evitar gritarlo a los cuatro vientos: soy un apasionado de la vida que he construido.

Me despierto y decido qué voy a hacer, cómo y con quién. Eso es sinónimo de riqueza. Y constatar, día a día, que otras personas se benefician de mis contactos, conocimientos y experiencias, que nos ayudamos unos a otros, disfrutando, gozando, impulsándonos, me hace todavía más feliz. No hemos venido a sufrir, por más que la vida tenga esos reveses. Pero de corazón siento que la vida está para disfrutarla. Y todo se disfruta mucho más cuando las personas que te rodean se alegran por tus logros tanto como por los suyos.

Hay un proverbio chino que dice:

El mejor momento para plantar un árbol fue hace veinte años, y el segundo mejor momento es ahora.

Si sientes que no tienes la vida que deseas, ni el entorno adecuado para conseguirla, tengo una buena noticia para ti: estás en tu segundo mejor momento para comenzar el plan que te permita cambiar eso.

Seamos amigos

Ojalá este libro te haya inspirado y te haya resultado de ayuda. Si crees que puedo aportarte más, y quieres contactar conmigo, puedes encontrarme en:

www.nachomuhlenberg.com
@nacho.muhlenberg
NachoMühlenberg
@NachoMuhlenberg
nacho-mühlenberg

Agradecimientos

Este libro, cómo no, es el resultado de las conexiones humanas tan bonitas que he creado a lo largo de los años. Agradezco a mis hijos, Bruno y Martina, por enseñarme lo que es un vínculo genuino, amoroso e incondicional de verdad. Gracias a mi mujer, Annie, por todo el apoyo siempre. También a mamá, papá, Pipo y Tó, por ser casa y fomentar siempre el valor más importante de todos: la familia. Mención superespecial a mis suegros, Noni y Tatayo, por el apoyo constante y la entrega más bonita del mundo. También a mis amigos cercanos, que siempre están ahí para apoyar, impulsar y compartir. A mis socios, equipo y colaboradores, por ayudarme a construir algo mucho más grande que nosotros mismos. A mis diferentes mentores, que me guiaron cuando más lo necesitaba, y a aquellos que, sin saberlo, han sido faros de inspiración para mí. A mi editora, Alba Adell, por ser como sos, y a mi agente literaria, Sandra Bruna, por confiar siempre en mí. También una mención más que especial a los clientes, socios del club, seguidores y suscriptores que tanto confían en mí y que han hecho posible que crezcamos juntos. A todos, gracias por ser parte de mi núcleo de influencia.

Bibliografía

Anderson, Chris, *Charlas TED*, Barcelona, Conecta, 2016.

Carnegie, Dale, *Cómo ganar amigos e influir sobre las personas*, Elipse, 2023.

Catmull, Edwin, *Creatividad, S. A.*, Barcelona, Conecta, 2014.

Cialdini, Robert B., *Influencia*, Barcelona, Alienta Editorial, 2018.

Deneault, Alain, *Mediocracia*, Madrid, Turner, 2016.

Dweck, Carol S., *Mindset*, Málaga, Sirio, 2016.

Ferrazzi, Keith, *Nunca comas solo*, Madrid, Empresa Activa, 2008.

Galán Bravo, Mónica, *El método Bravo*, Barcelona, Planeta, 2019.

Greene, Robert, *Las 48 leyes del poder*, Barcelona, RBA Libros, 2000.

Hakim, Catherine, *Capital erótico*, Barcelona, La Esfera de los Libros, 2011.

Isaacson, Walter, *Steve Jobs*, Barcelona, Debate, 2011.

Jorgenson, Eric, *El Almanaque de Naval Ravikant*, Madrid, Colección Baelo, 2021.

Kurzweil, Ray, *La Singularidad está cerca*, Berlín, Lola Books, 2012.

Maslow, Abraham, *Motivación y personalidad*, Nueva York, Harper & Row, 1954.

Maxwell, John C., *Las 21 leyes irrefutables del liderazgo*, Grupo Nelson, 1998.

Miller, Donald, *Cómo construir una Storybrand*, Madrid, HarperCollins, 2017.

Mühlenberg, Nacho, *Dinerograma: El eneagrama del dinero*, Barcelona, Conecta, 2022.

Núñez, Vilma, *De invisible a invencible*, Barcelona, Deusto, 2024.

Parrish, Shane, *Pensar con claridad*, Barcelona, Planeta, 2023.

Peters, Tom, *Marca Personal*, Barcelona, Deusto, 2010.

Sinek, Simon, *Empieza con el porqué*, Madrid, Empresa Activa, 2011.

Taleb, Nassim Nicholas, *Antifrágil*, Barcelona, Paidós, 2012.

Turienzo, Rubén, *Anticrisis*, Barcelona, Conecta, 2023.

Ziglar, Zig, *Nos vemos en la cumbre*, Columbia, Pelican, 1975.

«Para viajar lejos no hay mejor nave que un libro».

EMILY DICKINSON

Gracias por tu lectura de este libro.

En **penguinlibros.club** encontrarás las mejores recomendaciones de lectura.

Únete a nuestra comunidad y viaja con nosotros.

penguinlibros.club

Penguin Random House Grupo Editorial

penguinlibros